Analecta Fridericiana

ZEITSCHRIFT FÜR HISTORISCHE FORSCHUNG

Vierteljahresschrift zur Erforschung des Spätmittelalters u. der frühen Neuzeit

Beiheft 4

Analecta Fridericiana

Herausgegeben von

Johannes Kunisch

DUNCKER & HUMBLOT / BERLIN

(1987)

CIP-Titelaufnahme der Deutschen Bibliothek

Analecta Fridericiana / hrsg. von Johannes Kunisch. – Berlin: Duncker u. Humblot, 1987
(Zeitschrift für Historische Forschung: Beiheft; 4)
ISBN 3-428-06337-6
NE: Kunisch, Johannes [Hrsg.]; Zeitschrift für Historische Forschung / Beiheft

Satz: Klaus-Dieter Voigt, Berlin 61
Druck: Berliner Buchdruckerei Union GmbH, Berlin 61
Printed in Germany

ISBN 3-428-06337-6

Vorwort

Das hier vorzulegende Beiheft der Zeitschrift für Historische Forschung stellt einen Nachtrag zum 200. Todestag Friedrichs II. von Preußen dar, dessen im vorigen Jahr in zahlreichen Festakten und Publikationen in Ost und West gedacht wurde. Die Auswahl der Beiträge kann selbstverständlich nicht in Anspruch nehmen, ein Gesamtbild der Persönlichkeit des Königs oder gar der friderizianischen Epoche zu entwerfen. Denn sie ist nicht nach systematischen Gesichtspunkten getroffen worden. Vielmehr vereinigt dieses Heft eine Reihe mehr oder weniger umfassend angelegter Versuche, eine Bilanz der gegenwärtigen Forschungssituation zu ziehen und das, was in einer Fülle großer Editionen und gelehrten Schrifttums zum Teil schon seit langem bereitgestellt worden ist, zu einem neuen Bild des Königs zusammenzufügen. Die Zeit wird lehren müssen, ob Bestandsaufnahmen und Neubewertungsversuche wie diese auch Forschungsperspektiven aufzuzeigen vermögen. Aber Aufgabe der Historie ist es ja allemal, sich Rechenschaft abzulegen, auch und gerade über umstrittene Gestalten wie die des Preußenkönigs.

Alle Beiträge, die hier zum Druck gelangen, sind als Vorträge konzipiert. Vier von ihnen haben auf einer Tagung zur Debatte gestanden, die im August 1986 aus Anlaß des 200. Todestages Friedrichs des Großen von der Historischen Kommission zu Berlin veranstaltet wurde.

Köln, im September 1987

Johannes Kunisch

Anschriften der Mitarbeiter

Prof. Dr. Peter Baumgart, Historisches Institut der Universität, Am Hubland, D-8700 Würzburg

Prof. Dr. Karl-Ernst Jeismann, Institut für Didaktik der Geschichte der Universität, Fliednerstraße 21, D-4400 Münster

Prof. Dr. Johannes Kunisch, Historisches Seminar der Universität, Albertus-Magnus-Platz, D-5000 Köln 41

Prof. Dr. Horst Möller, Historisches Seminar der Universität, Kochstraße 4, D-8520 Erlangen

Prof. Dr. Rudolf Vierhaus, Max-Planck-Institut für Geschichte, Hermann-Föge-Weg 11, D-3400 Göttingen

Inhaltsverzeichnis

Friedrich der Große als europäische Gestalt*

Von Peter Baumgart, Würzburg

Selbst zweihundert Jahre nach seinem Tode am 17. August 1786 ist König Friedrich II. von Preußen eine kontroverse geschichtliche Gestalt geblieben, der historische Größe und verhängnisvolle politische Wirkungen gleichermaßen zugeschrieben werden. Eine umfangreiche, im Gedenkjahr abermals angewachsene Friedrich-Historiographie[1] griff schon frühzeitig über den deutschen Sprachraum hinaus, namentlich nach Frankreich und England, und dokumentierte allein dadurch des Königs europäische Bedeutung[2]; aber sie vermochte bisher nicht zu einer wenigstens in den Grundelementen einheitlichen Beurteilung des dritten Preußenkönigs zu gelangen.

Die Gründe dafür sind vielfältig: Sie liegen teils in der Schwierigkeit, der schon von seiner Jugendentwicklung her komplizierten Persönlichkeit und der so erstaunlich vielseitigen Wirksamkeit dieses Monarchen einigermaßen gerecht zu werden; es fällt den Historikern sichtlich schwer, Friedrichs politische Theorie und seine Praxis als Staatsmann, seine militärischen Leistungen als Stratege und Feldherr, seine weitgespannten geistig-kulturellen Interessen als Philosoph, Literat und Musiker zu einer überzeugenden Synthese zusammenzufassen. Die konträren Urteile beruhen aber auch darauf, daß der historische Friedrich alsbald nach seinem Tode hinter einer raschen Folge von „Friedrichbildern“[3] mehr und mehr zurücktreten mußte, deren Urheber die politisch-gesellschaftlichen Wandlungen ihrer eigenen Gegenwart auf den Hohenzollernkönig projizierten. Seit dem frühen 19. Jahrhundert, seit der preußischen Reformzeit und Reaktionsperiode bis hin zur Bis-

---

* Nur geringfügig veränderter und mit den notwendigen Nachweisen versehener Text meines am 20. August 1986 aus Anlaß des zweihundertsten Todestages Friedrichs des Großen in der Spandauer Zitadelle gehaltenen Vortrages. Dabei wurde die bis zum Frühjahr 1987 erschienene Literatur berücksichtigt.

[1] Vgl. meinen vorläufigen Überblick in: Das Historisch-Politische Buch 34 (1986), H. 9, 265 ff.

[2] Dazu *Walther Bußmann,* Friedrich der Große im Wandel des europäischen Urteils (zuerst 1950), jetzt in: Walther Bußmann, Wandel und Kontinuität in Politik und Geschichte. Ausgewählte Aufsätze zum 60. Geburtstag, hrsg. v. Werner Pöls, Boppard 1973, 255 ff.

[3] Weniger überzeugend, überdies unbelegt jetzt der Versuch einer zusammenfassenden Darstellung bei *Hans Dollinger,* Friedrich II. von Preußen. Sein Bild im Wandel von zwei Jahrhunderten, München 1986; neben *Bußmann* (Anm. 2) weiterhin noch wichtig *Karl Erich Born,* Der Wandel des Friedrich-Bildes in Deutschland während des 19. Jahrhunderts, Köln 1955.

marckschen Reichsgründung, zum Kulturkampf und zum Sozialistengesetz benutzten sie ihn so als Spiegel ihres jeweiligen nationalen Selbstverständnisses.

Zwar sind diese Friedrichbilder, die mit der Entstehung wie dem Niedergang des deutschen Nationalstaates kleindeutsch-preußischer Prägung eng verknüpft waren, inzwischen schon selbst größtenteils historisch geworden, aber dennoch scheinen manche von ihnen zumindest latent noch immer gegenwärtig zu sein, etwa in ihrer süddeutsch-katholischen, westdeutsch-rheinbündischen oder sozialistisch-marxistischen Variante[4]. Aber nicht sie sollten die Friedrichinterpretation heute, mehr als vierzig Jahre nach dem gewaltsamen Ende des Zweiten Deutschen Reiches und Preußens als Staat, bestimmen; der Preußenkönig sollte vielmehr als eine historische Gestalt des vorrevolutionären Europa, als Repräsentant der absoluten Monarchie und der Aufklärung im 18. Jahrhundert sowie unter den strukturellen Bedingungen seiner Epoche begriffen und verstanden werden. Diese war von unserer „modernen Welt" grundverschieden, sie kann daher auch nicht einfach an den Maßstäben unserer gegenwärtigen politisch-sozialen Systeme gemessen werden.

Der altpreußisch-friderizianische Staat des späteren 18. Jahrhunderts verdankt seine spezifische Eigenart und besondere Prägung als „Wirtschafts-, Verwaltungs- und Militärstaat"[5] nicht allein der 46jährigen Regierung des dritten Preußenkönigs Friedrich, sondern in hohem Maße dem Wirken des Vaters, Friedrich Wilhelms I. Beide persönlich so gegensätzlich veranlagten Monarchen gemeinsam schufen den preußischen Staat hochabsolutistischer Prägung. Zwar gilt auch für diese Repräsentanten des frühneuzeitlichen Absolutismus, daß ihr Handlungs- und Entscheidungsspielraum nur dem Anspruch nach „absolut" war, aber er blieb doch wesentlich umfassender als der jedes modernen Staatsmannes unter der Herrschaft der Volkssouveränität und den Verhältnissen des Industriezeitalters[6]. In diesem Sinne können Friedrich Wilhelm I. und Friedrich II. als die „Strukturbegründer"[7] des alten Preußens und seiner bis ins 20. Jahrhundert nachwirkenden Traditionen betrachtet werden.

---

[4] Zuletzt noch *Karl Otmar von Aretin,* Friedrich der Große. Größe und Grenzen des Preußenkönigs. Bilder und Gegenbilder, Freiburg 1985.

[5] So schon 1903 *Otto Hintze,* Geist und Epochen der preußischen Monarchie, jetzt in: *ders.,* Regierung und Verwaltung. Gesammelte Abhandlungen zur Staats-, Rechts- und Sozialgeschichte Preußens, hrsg. v. Gerhard Oestreich, 2. Aufl. Göttingen 1967, 1 ff.; ferner *ders.,* Der preußische Militär- und Beamtenstaat im 18. Jahrhundert (1908), ebenda, 419 ff.

[6] Vgl. zum Problem *Rudolf Vierhaus,* Handlungsspielräume. Zur Rekonstruktion historischer Prozesse, in: HZ 237 (1983), 289 ff. – *Peter Baumgart,* Wie absolut war der preußische Absolutismus?, (1981), jetzt in: Manfred Schlenke (Hrsg.), Preußen. Politik, Kultur, Gesellschaft, Bd. 1, Reinbek 1986, 103 ff.

[7] Vgl. *Theodor Schieder,* Strukturen und Persönlichkeiten in der Geschichte, jetzt in: *ders.,* Geschichte als Wissenschaft, 2. Aufl. München / Wien 1968, 157 ff.

Nicht erst 1740, sondern bereits 1713 vollzog sich in Brandenburg-Preußen mit dem Regierungsantritt Friedrich Wilhelms I.[8] ein Systemwechsel des Absolutismus, der die Strukturen von Staat und Gesellschaft ziemlich radikal veränderte[9]. Der Soldaten- und Bürgerkönig beseitigte zunächst das System des höfischen Barockabsolutismus des ersten Friedrich gründlich und rücksichtslos, um anschließend den Staat nach seinen eigenen politischen Vorstellungen und Kronprinzenerfahrungen durch weitgreifende Heeres-, Finanz- und Verwaltungsreformen auf eine völlig neue Basis zu stellen, und zwar gegen mannigfache Opposition, gerade auch des frondierenden Adels, die er mit eiserner Härte bekämpfte.

Die Zielsetzung des königlichen Autokraten, seinen Staat ganz konsequent und methodisch von innen her auszubauen, suchte er nicht nur auf dem Wege der Rationalisierung und Effektuierung des gründlich erneuerten Staatsapparates durchzusetzen, sondern auch durch Steigerung der Arbeitsintensität, durch eine veränderte Arbeitsdisziplin.

Das für die absolutistischen Herrscher des 18. Jahrhunderts so typische Machtstaatsstreben blieb bei Friedrich Wilhelm im Unterschied zu seinem Nachfolger Friedrich II. begrenzt. Es richtete sich mehr nach innen als nach außen, auf den noch in das Reichssystem und in die Tradition des Hauses Brandenburg eingebetteten dynastischen deutschen Fürstenstaat. Er konzentrierte sich auf den inneren Ausbau dieses Staates und seiner Armee. Er hat nicht versucht, diese unverhältnismäßig große, furchtgebietende, allerdings auch sehr störanfällige, von Desertionen bedrohte Armee zum Instrument einer expansiven Außen- oder Eroberungspolitik zu machen. Den „lieben Sukzessor“ warnte er vielmehr ausdrücklich vor der Anzettelung „ungerechter Kriege“[10]. Es war sicherlich nicht nur diplomatisches Unvermögen, wenn er eine durchaus traditionelle, d.h. dynastische Außenpolitik betrieb, wenn er sich auf die „legitimen Prätentionen“ des Hauses Brandenburg beschränkte[11] und dabei in der Regel auf Kaiser und Reich Rücksicht nahm.

Des Königs gesamtes Herrschaftsverständnis wurzelte noch in der religiösen Tradition der brandenburgischen Dynastie, die seit Johann Sigismund den Calvinismus als Hof- und Beamtenreligion in überwiegend lutherischen

[8] Dazu *Carl Hinrichs,* Der Regierungsantritt Friedrich Wilhelms I. (1959); *ders.,* Die preußische Zentralverwaltung in den Anfängen Friedrich Wilhelms I. (1958), beide jetzt in: *ders.,* Preußen als historisches Problem. Gesammelte Abhandlungen (Veröff. der Histor. Komm. zu Berlin 10), Berlin 1964, 91ff., 138ff.

[9] Zugleich für das Folgende vgl. *Peter Baumgart,* Epochen der preußischen Monarchie im 18. Jahrhundert, in: ZHF 6 (1979), bes. 293ff.

[10] Nämlich in seiner Instruktion von 1722, abgedruckt in: Acta Borussica, Abt. Behördenorganisation und allgemeine Staatsverwaltung Preußens im 18. Jahrhundert [zitiert als: A. B., B. O.], Bd. 3, jetzt Nachdruck der Ausgabe von 1901, Frankfurt 1986, 446ff., bes. 461ff.

[11] Ebd.

Ländern eingeführt hatte. Aus dieser religiösen Wurzel mit ihrem calvinistischen Erwählungsbewußtsein und Bewährungsglauben leitete der König auch seine fürstliche Berufsauffassung ab, sein Selbstverständnis als königlicher Amtmann Gottes auf Erden.

Des Königs Bestreben, seine uneingeschränkte Selbstherrschaft über allen Schichten und Ständen seiner heterogen zusammengesetzten Monarchie zu errichten, seine Souveränität nach dem bekannten Wort von 1716 „wie einen Rocher von bronse" zu stabilisieren[12], hatte zwar nur begrenzt Erfolg, weil die Krone auch in Brandenburg-Preußen, wie die neuere Absolutismusforschung verdeutlichen konnte[13], ihre machtstaatlichen, zentralisierenden Ordnungen nicht auf allen Ebenen und überall mit gleicher Intensität durchzusetzen vermochte, weil der Prozeß der „Sozialdisziplinierung" (G. Oestreich)[14] nur begrenzt wirksam war, aber die vorherrschenden Tendenzen der staatlich-gesellschaftlichen Entwicklung werden durch diese Formel doch deutlich umschrieben.

Der unbedingte Selbstherrschaftsanspruch des Monarchen fand seinen Niederschlag auch im Regierungsstil. Die für das hochabsolutistische Preußen charakteristische Regierung „aus dem Kabinett", die Friedrich Wilhelm I. durchsetzte, erfuhr unter seinem Sohn und Nachfolger Friedrich II. noch eine Steigerung; sie erlangte erst jetzt unter dem System der zugleich absoluten und aufgeklärten Selbstherrschaft ihre perfekte Organisation und volle Effizienz[15]. Allerdings hütete sich der neue Monarch, das administrative Gebäude seines Vorgängers entscheidend zu verändern. Der Staat und das Regierungssystem Friedrichs II. fußten auf den Fundamenten dieses Neubaus seit 1713; sie standen nicht nur institutionell, sondern auch strukturell in der Kontinuität zu dem vorherigen Regiment[16].

Ungeachtet solcher Kontinuität, die das friderizianische Preußen sehr eng an den Staat des Vorgängers heranrücken läßt, bezeichnet das Jahr 1740 mit dem Regierungsantritt Friedrichs II. gleichwohl eine tiefgreifende Zäsur; es

---

[12] Ebd., Bd. 2, 350ff.

[13] Generell *Gerhard Oestreich,* Strukturprobleme des europäischen Absolutismus, in: *ders.,* Geist und Gestalt des frühmodernen Staates. Ausgewählte Aufsätze, Berlin 1969, 182ff.; zu den Grenzen des Absolutismus auch in Brandenburg-Preußen jetzt der von mir herausgegebene Sammelband: Ständetum und Staatsbildung in Brandenburg-Preußen (Veröff. der Histor. Komm. zu Berlin 55), Berlin / New York 1983, darin: *Peter Baumgart,* Ständetum und Staatsbildung in Brandenburg-Preußen. Zur Einführung und Problemstellung, 3ff., bes. 10f.

[14] *Oestreich,* Strukturprobleme (Anm. 13), 188: „Die Sozialdisziplinierung ist das politische und soziale Ergebnis des monarchischen Absolutismus", auch 191ff.

[15] Vgl. *Peter Baumgart,* Tendenzen der spätfriderizianischen Verwaltung im Spiegel der Acta Borussica, in: A. B., B. O., Bd. 16, Teil 2, Hamburg / Berlin 1982, XXIff., auch *ders.,* Einleitung zum Nachdruck der A. B., B. O., Bd. 6 - 10, Frankfurt 1986, Vf.

[16] Betont wird die Kontinuität aus der Sicht der Verwaltungsgeschichte von *Walther Hubatsch,* Friedrich der Große und die preußische Verwaltung (Studien zur Geschichte Preußens 18), Köln / Berlin 1973, 25ff. u. ö.

markiert einen Epocheneinschnitt für die preußische wie für die europäische Geschichte.

Die neue europäische Dimension der bisher doch eher auf das Reich und auf sich selbst beschränkten preußischen Politik kündigte sich wider Erwarten zunächst vor allem in der auswärtigen Politik an: Durch die spektakuläre Invasion und anschließende Annexion des habsburgischen Schlesien alsbald nach dem plötzlichen Tode Kaiser Karls VI. (am 20. Oktober 1740) leitete der Monarch noch während seines ersten Regierungsjahres jene Wende der preußischen Politik ein, mit der er sich gewaltsam Eintritt in das europäische Mächtesystem verschaffte und seinem Staat nach drei Kriegen den Status einer fünften europäischen Großmacht sicherte[17].

Weniger augenfällig, aber in ihren Langzeitwirkungen kaum zu unterschätzen war die Tatsache, daß seit dem Regierungsantritt Friedrichs die Aufklärung als die dominierende europäische Geistes- und Kulturbewegung des 18. Jahrhunderts, und zwar in ihrer westeuropäischen Ausprägung, Eingang in die Regierungsmaximen wie die Regierungspraxis des Monarchen fand. Gewiß hatte es in Preußen, das schon seit der Gründung der Universität Halle 1694 ein wichtiges Ausstrahlungszentrum der Frühaufklärung besaß[18], bereits vorher im Sinne der Aufklärung wirkende Reformmaßnahmen gegeben, aber von einer bewußten und reflektierten Rezeption der Ideenwelt der Aufklärung an der Staatspitze unter Friedrich Wilhelm I. läßt sich nicht sprechen[19].

Machtstaatspolitik im europäischen Maßstab und aufgeklärter Absolutismus als Regulativ der praktischen Politik im Sinne einer zwar problematischen, aber nichtsdestoweniger von den Historikern in Ost und West akzeptierten europäischen Grundtendenz der zweiten Jahrhunderthälfte[20] mar-

---

[17] Dazu *Peter Baumgart,* Die Annexion und Eingliederung Schlesiens in den friderizianischen Staat, in: ders. (Hrsg.), Expansion und Integration. Zur Eingliederung neugewonnener Gebiete in den preußischen Staat (Neue Forschungen zur Brandenburg-Preußischen Geschichte 5), Köln / Wien 1984, 81ff.; ferner *ders.,* Schlesien in der Politik Friedrichs des Großen, in: Wilhelm Treue (Hrsg.), Preußens großer König. Leben und Werk Friedrichs des Großen. Eine Ploetz-Biographie, Freiburg / Würzburg 1986, 161ff.

[18] Neben dem älteren Standardwerk von *Wilhelm Schrader,* Geschichte der Friedrichs-Universität zu Halle, 2 Bde. Berlin 1894, *Eduard Winter,* Frühaufklärung, Berlin-Ost 1966, sowie weitere Arbeiten Winters und seiner Schule, ferner bes. für die neue Rechtswissenschaft in Halle: *Notker Hammerstein,* Jus und Historie, Göttingen 1972.

[19] Dazu in Kürze *Günter Birtsch,* Friedrich Wilhelm I. und die Anfänge der Aufklärung in Brandenburg-Preußen, in: Oswald Hauser (Hrsg.), Preußen, Europa und das Reich (Neue Forschungen zur Brandenburg-Preußischen Geschichte 7), Köln / Wien 1987.

[20] Aus der zahlreichen Literatur immer noch besonders wichtig *Fritz Hartung,* Der aufgeklärte Absolutismus (1955), in dem Sammelband Karl Otmar von Aretins (Hrsg.), Der aufgeklärte Absolutismus (Neue Wiss. Bibliothek 67), Köln 1974 mit umfangreicher Einleitung des Editors; ferner *Volker Sellin,* Friedrich der Große und

kieren also die Rahmenbedingungen für die lange Regierung König Friedrichs II. Sie bewegte sich im Spannungsfeld dieser Prinzipien und selbstverständlich in der Divergenz von Wollen und Vollbringen, von Theorie und Praxis, aber nicht eigentlich in den schwer ergründbaren „Antinomien" einer „gespaltenen" Existenz, die zu einem „Königtum der Widersprüche"[21] führen mußte, so diffizil und schwierig zu durchdringen die komplizierte Persönlichkeit des Königs auch ist.

Wie auch immer es um die tatsächliche oder vermeintliche Widersprüchlichkeit Friedrichs bestellt sein mag – bis heute vermochte der König den Historikern immer wieder Rätsel aufzugeben –, Friedrichs Denken und Handeln muß im Kontext der Aufklärung und der von der Staatsräson diktierten Machtstaatspolitik europäischer Prägung gesehen werden. Die biographischen Voraussetzungen dafür wurden in der Kronprinzenzeit gelegt[22]; bei Friedrichs Thronbesteigung waren seine Weltsicht und seine politischen Grundsätze wenn nicht abschließend, so doch in allen wesentlichen Grundelementen ausgebildet und erkennbar.

Friedrichs allmähliche Abkehr von der Religion der Vorfahren, seine Hinwendung zur Philosophie und Naturrechtslehre, seine Rezeption der europäischen Aufklärungslehren vollzogen sich in der Opposition gegen den anfangs übermächtigen Vater[23], dem er sich zwar äußerlich anpassen und unterwerfen mußte, der aber Friedrichs starke Eigenpersönlichkeit nicht zu brechen vermochte. Erst die Begründung einer selbständigen Hofhaltung in Rheinsberg um den Preis einer erzwungenen Ehe gab dem Thronfolger jene Freiheit, die es ihm erlaubte, unter der Devise der „Selbstbildung" (Berney)

---

der aufgeklärte Absolutismus, in: Soziale Bewegung und politische Verfassung. Beiträge zur Geschichte der modernen Welt, hrsg. v. U. Engelhard u.a., Stuttgart 1976, 83ff.; auf marxistischer Seite vor allem *Ingrid Mittenzwei,* Theorie und Praxis des aufgeklärten Absolutismus in Brandenburg-Preußen (1972), jetzt in: Preußen in der deutschen Geschichte vor 1789, hrsg. v. Ingrid Mittenzwei u. Karl-Heinz Noack, Berlin-Ost 1983, 268ff.; zuletzt übergreifend *Manfred Kossok,* Der aufgeklärte Absolutismus. Überlegungen zum historischen Ort und zur Typologie, in: ZfG 33 (1985), 622ff. – Zuletzt aus amerikanischer Sicht *Charles Ingrao,* The Problem of Enlightened Absolutism and the German States, in: Journal of Modern History 58, Supplement (1986), 161ff.; dort auch *Eberhard Weis,* Enlightenment and Absolutism in the Holy Roman Empire: Thoughts on Enlightened Absolutism in Germany, 181ff.

[21] So der Untertitel der wichtigsten neuen Friedrichdarstellung: *Theodor Schieder,* Friedrich der Große. Ein Königtum der Widersprüche, Berlin / Wien 1983; vgl. meine Besprechung in: HPB 32 (1984), 193ff.; es besteht eine Kontinuität dieses Interpretationsansatzes zu *Friedrich Meinecke,* Die Idee der Staatsräson in der neueren Geschichte (1929), jetzt in: *ders.,* Werke Bd. 1, hrsg. v. Walther Hofer, München 1957 u.ö.

[22] Die gründlichste und eingehendste Darstellung der geistig-politischen Entwicklung des jungen Friedrich bleibt *Arnold Berney,* Friedrich der Große. Entwicklungsgeschichte eines Staatsmannes, Tübingen 1934, ungeachtet der Nähe des unter nationalsozialistischer Herrschaft verschollenen Verfassers zum George-Kreis.

[23] Vgl. jetzt *Peter Baumgart,* Kronprinzenopposition. Zum Verhältnis Friedrichs zu seinem Vater Friedrich Wilhelm I., in: Friedrich der Große, Franken und das Reich, hrsg. v. Heinz Duchhardt, (Bayreuther Histor. Kolloquien 1), Köln / Wien 1986, 1ff.

durch systematische Studien nachzuholen, was in seiner bisherigen Erziehung versäumt worden war. Während der vier Rheinsberger Jahre, in der intensiven Auseinandersetzung mit der zeitgenössischen Philosophie und Geschichtsschreibung, mit der französischen Sprache und Literatur, formten sich Friedrichs Weltbild und zugleich seine Staats- und Herrschaftsauffassung. Es waren vor allem die französische Literatur und das westeuropäische Aufklärungsdenken, die in Friedrichs Gedankenwelt fortan einen beherrschenden Platz behaupteten, nicht zuletzt vermittelt durch Voltaire, mit dem er damals (1736) eine lebenslange, obgleich immer spannungsreiche Beziehung knüpfte[24].

Während er von Berlin und Potsdam ferngehalten wurde, bereitete Friedrich sich auf sein Regentenamt als aufgeklärter Staatsmann vor. Das Bemühen, die eigenen politischen Ideale mit der zeitgenössischen politischen Praxis abzustimmen, fand seinen Ausdruck in jenen beiden politisch-historischen Schriften seines Rheinsberger Asyls, die nicht nur seine aufgeklärte Herrschaftstheorie auf der Basis einer naturrechtlichen Vertragslehre, sondern zugleich, bei aller Gelassenheit, seinen entschlossenen Herrschaftswillen dokumentieren. Namentlich der von Voltaire überarbeitete und gegen den Willen des nunmehrigen Königs im Sommer 1740 anonym in Den Haag veröffentlichte „Antimachiavell" liest sich als ein Schlüsseldokument. Bei genauerer Lektüre[25] erweist sich die als Widerlegung des Florentiners angelegte Schrift weder als ein Dokument der Täuschung seiner Mitwelt über die politischen Absichten des künftigen Königs noch auch als bloß idealistisches Programm eines von der Macht ausgeschlossenen Thronfolgers, als ein Antikriegsbuch oder als Absage an die zeitgemäßen Praktiken der Macht- und Interessenpolitik der europäischen Staatsmänner. Vielmehr enthält der Antimachiavell, ungeachtet mancher Unstimmigkeiten und Inkonsequenzen im einzelnen, den Versuch einer Rechtfertigung gemäßigter monarchischer Selbstherrschaft im Geiste der Aufklärung und insofern auch Grundelemente eines eigenen künftigen Regierungsprogramms.

Als Friedrich am 31. Mai 1740 seine Regierung in Preußen antrat, hatte er in einem eindrucksvollen Prozeß der Selbstdisziplinierung und Selbstfindung den geistigen Grund gelegt für sich als Mensch und König. Aus einer immer weiter gesteigerten Kronprinzenopposition und inneren Emigration näherte er sich jedoch zuletzt immer entschiedener den Regierungsmaximen des Vorgängers an. Er wußte die Leistungen des Vaters im Innern jetzt bes-

---

24 Neben der älteren zusammenfassenden Monographie von *Walther Mönch*, Voltaire und Friedrich der Große. Das Drama einer denkwürdigen Freundschaft, Stuttgart u. Berlin 1943, jetzt die Charakteristik bei *Schieder* (Anm. 21), 437ff.; zuletzt *Edgar Mass*, Voltaire zwischen Friedrich u. Wilhelmine, in: Duchhardt (Hrsg.), Friedrich (Anm. 23), 93ff.

25 Vgl. jetzt *Schieder* (Anm. 21), 102ff.; Schieder spricht von einem „nie ganz bewältigten Phänomen Machiavelli" (112).

ser zu würdigen. So verwundert es nicht, wenn sich die Beziehungen zwischen König und Thronfolger gegen Ende von Friedrich Wilhelms Regierung deutlich entspannten. Es kam zu einem endlichen Einverständnis zwischen ihnen, obwohl Friedrich als Mensch sicherlich nicht unbeschädigt aus diesem Konflikt hervorgegangen ist[26].

Ein wichtiger Faktor für die weitgehende Aussöhnung war die außenpolitische Konstellation: Der reichstreue und loyale, aber über die Haltung Kaiser Karls VI. in der strittigen Jülich-Bergschen Erbfolge bitter enttäuschte Friedrich Wilhelm[27] scherte schließlich aus einem im wesentlichen seit 1686 bestehenden Bündnissystem mit dem österreichischen Kaiser aus, um zunächst durch ein Geheimabkommen (1739) die Hinwendung zu dem traditionellen Habsburggegner Frankreich vorzubereiten. Dadurch fand sich der Nachfolger in seiner vom Trauma der Zwangsheirat bestimmten anti-österreichischen Haltung und in seiner schon von dem eigenen Bildungshorizont her naheliegenden Option für die westliche Großmacht voll bestätigt. Die gegen Österreich gerichtete Ausgangsposition seiner gesamten Reichs- und Außenpolitik zeichnete sich mithin bereits deutlich ab.

Die durch den unerwarteten Tod Kaiser Karls VI. ausgelöste europäische Krise verschaffte dem jungen König nur allzubald die willkommene Gelegenheit, der unvorbereiteten Erbin der österreichischen Monarchie, Maria Theresia, durch einen militärischen Gewaltakt den größten Teil Schlesiens abzunehmen[28]. Friedrichs für die europäischen Höfe, aber auch für seine nächsten Mitarbeiter überraschender „einsamer" Entschluß, am 16. Dezember 1740 den „Rubikon" zu überschreiten und sich im Vorgriff auf künftige Verhandlungen der strategisch wie wirtschaftlich wertvollen, seit 1526 habsburgischen Gebiete am Oberlauf der Oder erst einmal zu bemächtigen, markierte eine für seine gesamte Herrschaft und darüber hinaus für das europäische Staatensystem schlechthin entscheidende politisch-militärische Weichenstellung[29]. Denn die rasche, in der Folge dann zwar immer wieder gefährdete, aber endlich doch in drei Kriegen erfolgreich behauptete Annexion Schlesiens entschied über die künftige Position Preußens in der deutschen und europäischen Geschichte der nächsten 150 Jahre: Sie machte

---

[26] Genauer *Baumgart,* Kronprinzenopposition (Anm. 23), 20f. – Über den Grad der psychischen Beschädigung Friedrichs durch den Konflikt mit dem Vater und deren Auswirkungen wird sich ein abschließendes Urteil wohl schwerlich erzielen lassen, zumal dabei (tiefen)psychologische Erwägungen einfließen; vgl. die Bayreuther Diskussion (Anm. 23), 96.

[27] Knappe Skizze der insgesamt noch nicht gründlich untersuchten Außenpolitik Friedrich Wilhelms I. bei *Carl Hinrichs,* Friedrich Wilhelm I. König von Preußen (1938), in: *ders.,* Preußen als historisches Problem (Anm. 8), 66ff.; zu den konkurrierenden Ansprüchen Pfalz-Sulzbachs und Preußens auf Jülich und Berg *Hans Schmidt,* Kurfürst Karl Philipp von der Pfalz als Reichsfürst, Mannheim 1963, 150ff.

[28] Dazu jetzt meine in Anm. 17 zitierten Abhandlungen mit der älteren Literatur.

[29] Vgl. *Baumgart,* Schlesien in der Politik (Anm. 17), 161, zugleich für das Folgende.

das bislang zweitrangige, schwerpunktmäßig auf den Nordosten des Reiches beschränkte Brandenburg-Preußen auf längere Sicht zu einem von den großen Mächten eher widerwillig respektierten Glied des europäischen Staatensystems; sie führte das wesentlich durch die Politik seiner Dynastie zusammengefügte und geformte bevölkerungsarme Staatswesen als zweite deutsche und als jüngste Großmacht in Europa ein; sie gab ihm erst die territoriale und wirtschaftliche Basis für einen derartigen Anspruch; vor allem leitete sie definitiv jenen österreichisch-preußischen Dualismus um die Vorherrschaft im Reich, jene Teilung des Reichs in eine preußische und österreichische Einflußsphäre ein, der sich auf Dauer auch die Staaten des „dritten Deutschland" nicht entziehen konnten, wie sich spätestens 1866 bzw. 1871 bei der Gründung des Zweiten Deutschen Reiches preußischer Prägung zeigen sollte. Jene Annexion Schlesiens bestimmte schließlich nicht zuletzt in hohem Maße, positiv wie negativ, das historische Urteil über König Friedrich selbst, bis hin zu jenem heutzutage viel zitierten Satz des englischen Historikers George P. Gooch vom Diebstahl des nachbarlichen Weinbergs, der aber immerhin ein neues Kapitel der europäischen Geschichte eingeleitet haben soll[30].

Die Motive Friedrichs für diese blitzschnell zupackende, entschlossene und kein Risiko scheuende Ausnutzung der alsbald zu einem europäischen Krieg ausgeweiteten österreichischen Erbfolgekrise zugunsten des eigenen Staates sind oft beschrieben, beurteilt und verurteilt worden[31]. Der König selbst hat in Briefen und Äußerungen spontan sowie als späterer Geschichtsschreiber seiner Zeit reflektierend und analysierend manches zur Selbstrechtfertigung seines Tuns beigesteuert: Er bekannte sich gegenüber Voltaire[32] zu der Absicht, eine „völlige Umwandlung des alten politischen Systems" in Europa herbeizuführen, und zwar aus jugendlichem Ehrgeiz, aus Neugier, mit dem Wunsch, „seinen Namen in den Zeitungen und dereinst in der Geschichte zu lesen", wie er an Jordan schrieb[33]. Auch vom

[30] Hier zitiert nach der deutschen Ubersetzung des zuerst 1947 erschienenen Werkes: *George Peabody Gooch,* Friedrich der Große. Herrscher – Schriftsteller – Mensch, Frankfurt u. Hamburg 1964, 21, 24.

[31] So neben *Gooch* (Anm. 30), 18ff., aus der älteren Literatur am ausführlichsten die nach wie vor unentbehrliche Darstellung von *Reinhold Koser,* Geschichte Friedrichs des Großen, 4 Bde., 4. u. 5. Aufl. Stuttgart u. Berlin 1912 - 1914, Nachdruck verschiedener Auflagen Darmstadt 1963, dort Bd. 1, 233f.; neuerlich *Theodor Schieder,* Macht und Recht. Der Ursprung der Eroberung Schlesiens durch König Friedrich II. von Preußen, in: Hamburger Jahrbuch für Wirtschafts- u. Gesellschaftspolitik 24 (1979), 235ff.; auch *ders.,* Friedrich der Große und Machiavelli. Das Dilemma von Machtpolitik und Aufklärung, in: HZ 234 (1982), 265ff.; vgl. zusammenfassend *Baumgart,* Annexion und Eingliederung Schlesiens (Anm. 17), 82ff.

[32] Friedrich an Voltaire, 26. 10. 1740, in: Oeuvres de Frédéric le Grand, hrsg. v. J. D. E. Preuß, 30 Bde. u. ein Ergänzungsband, Berlin 1846 - 1857, [zitiert: Oeuvres], Bd. 22, 1853, 49: „... c'est le moment du changement total de l'ancien système de politique; c'est ce pocher detaché qui roule sur le figure des quatre métaux. . ."

[33] Brief vom 3. 3. 1741, in: Oeuvres, Bd. 17, 91; auch Friedrichs spätere „Histoire de mon temps".

„hazard“, vom leichtsinnig-spielerischen Umgang mit der „fortune“, der Glücksgöttin, blieb der junge Friedrich, dem die Schrecken des Krieges noch unbekannt waren, keineswegs frei; er handelte 1740 nicht nur aus Zweckrationalität. Sicherlich gehörte für den Preußenkönig wie für Ludwig XIV. oder Karl XII. und die gesamte europäische Hocharistokratie der kriegerische Ruhm, die „gloire“, zu den unabdinglichen Attributen ihrer fürstlichen Reputation[34].

Friedrich verknüpfte aber auch in charakteristischer Weise ein „droit légitime“ im traditionell-dynastischen Sinne seiner Vorgänger mit einem „droit de bienséance“, einem sog. „Recht der günstigen Lage“, d. h. mit jener Arrondierungs- und Vergrößerungspolitik, die auf der schon vom Kronprinzen formulierten Prämisse beruhte, daß Staaten sich vergrößern müßten, wenn sie sich auf Dauer im Konkurrenzsystem der europäischen Mächte behaupten wollten[35]. Friedrich beflügelte der Wunsch, für Preußen den Status einer Großmacht zu gewinnen, von seinem Staatswesen die Natur eines „Zwitterwesens (Hermaphroditen) zwischen Kurfürstentum und Königreich“ abzustreifen[36]. Für ihn blieb die Macht und die Größe des Staates ein vorrangiges Movens seiner gesamten Politik[37]. Er suchte die von ihm zuerst klar erfaßte Zerrissenheit und Verletzlichkeit seines Staatswesens womöglich durch „Agrandissement“ zu beseitigen und auf diesem problematischen Weg den anderswo bereits abgeschlossenen Staatsbildungsprozeß voranzutreiben.

Dieses Großmachtstreben eines Aufsteigers im Sinne Richelieus[38], der den mittleren Mächten geraten hatte, die politisch-militärischen Konstellationen zu ihren Gunsten zu nutzen, wo immer sie sich boten, führt zum Kern der friderizianischen Überlegungen, zum preußischen Staatsinteresse als dem zentralen Leitmotiv seines politischen Handelns[39]. Auch die Interessen-

---

[34] Zum Ruhm als Triebkraft aristokratisch-fürstlichen Handelns vgl. *Schieder,* Friedrich (Anm. 21), 136 f.; über die Bedeutung von „le hazard“ ebenda, 379 ff.

[35] Der Gedankengang schon in den Considérations sur l'état présent du corps politique de l'Europe von 1739, in: Oeuvres, Bd. 8, 15; dazu *Meinecke,* Staatsräson (Anm. 21), 340 f.; die Unterscheidung nach „acquisitions par des successions“ und nach „droit de bienséance“ im Sinne des Konvenienzprinzips (convenance) ist dann im Politischen Testament von 1752 zentral; jetzt zu benutzen in der neuen Gesamtausgabe der Hohenzollerntestamente: Die politischen Testamente der Hohenzollern, bearbeitet von Richard Dietrich (Veröff. aus den Archiven Preuß. Kulturbesitz 20), Köln / Wien 1986, 266 ff.; „droit de bienséance“ wird dort nicht sehr glücklich durch „Recht der schicklichen Gelegenheit“ übersetzt (369). Zur Problematik vgl. *Erika Bosbach,* Die „Rêveries Politiques“ in Friedrichs des Großen Politischem Testament von 1752 (Kölner Histor. Abhandlungen 2), Köln / Graz 1960, 73 ff.

[36] So in der Histoire de mon temps, Oeuvres, Bd. 2, 53.

[37] *Otto Hintze,* Das Politische Testament Friedrichs des Großen von 1752, in: ders., Regierung und Verwaltung (Anm. 5), 429 ff., 432; dazu jetzt auch *Klueting* (Anm. 40), 143 ff.

[38] Cardinal de Richelieu, Testament politique. Edition critique par Louis André, 7. Aufl. Paris 1947.

lehre der Staaten[40] war, woran erinnert sei, ein altes, bis auf die Renaissance zurückgehendes europäisches Erbe, das in den absoluten Fürstenstaaten der Frühneuzeit mit dem Machtstaatsgedanken, etwa in seiner neustoischen Ausprägung[41], immer wieder zur Legitimation einer expansiven Politik benutzt wurde.

Friedrich selbst betrachtete seinen Einmarsch in Schlesien zwar als ein Wagnis, das er nicht wiederholen wollte[42], aber er hat diesen riskanten Schritt zeitlebens ungeachtet aller daraus für sich als Person und für seinen Staat erwachsenen Belastungen nicht bereut. Das Spektakuläre und Anstößige der Entscheidung des Preußenkönigs bestand gerade darin, daß er im Unterschied zu anderen Machtpolitikern auf europäischen Thronen, namentlich auch zu Ludwig XIV. in seinen sog. „Devolutions"- und „Réunions"-Kriegen, es bewußt verschmähte, seine territorialen Vergrößerungsbestrebungen auf vorgeschobene Rechtsansprüche zu stützen[43], die im Falle Schlesiens, wie auch der Monarch wissen mußte, nur äußerst schwach begründet waren[44].

Friedrichs die Rechtsordnung des Reiches, namentlich den Landfrieden, sowie internationales Vertragsrecht brüsk verletzendes, wiewohl biographisch verständliches Vorgehen, das seinen Staat in der Folge, während des Siebenjährigen Krieges, hart an den Rand des Ruins führte, sollte freilich mit den Maßstäben seiner Zeit und des damaligen europäischen Staatensystems gemessen werden, in dessen äußerst konfliktträchtige „Systemrationalität"[45] der König eingebunden war und auf dessen Kabinetts-, Gleichge-

---

39 Im Politischen Testament von 1752 formulierte er deshalb: „L'intérêt de l'état [est] l'unique motif qui doit décider dans le conseil des princes" (zitiert nach der von Gustav Berthold Volz besorgten ersten vollständigen Ausgabe: Die politischen Testamente Friedrichs des Großen, Ergänzungsband zur Politischen Correspondenz, Berlin 1920, 48; in der buchstabengetreuen Ausgabe von *Dietrich* (Anm. 35), 355. – Vgl. auch *Walther Hubatsch,* Das Problem der Staatsräson bei Friedrich dem Großen, Göttingen 1956.

40 Dazu *Meinecke,* Staatsräson (Anm. 21), bes. 173ff. – Neuerdings in Abgrenzung von der Interessen-, Staatsräson- und Gleichgewichtslehre *Harm Klueting,* Die Lehre von der Macht der Staaten. Das außenpolitische Machtproblem in der ‚politischen Wissenschaft' und in der praktischen Politik im 18. Jahrhundert (Historische Forschungen 29), Berlin 1986, zu Friedrich 138ff.

41 Dazu die verschiedenen Untersuchungen von *Gerhard Oestreich* über Justus Lipsius, die niederländische Bewegung und den Neustoizismus, jetzt gesammelt in den beiden Aufsatzbänden Geist und Gestalt des frühmodernen Staates (Anm. 13) und *ders.,* Strukturprobleme der frühen Neuzeit, hrsg. v. Brigitta Oestreich, Berlin 1980.

42 Vgl. Friedrichs Diktum im Politischen Testament von 1752, wonach die Eroberung Schlesiens den Büchern gleiche, „dont les originaux reussint et dont les imitations tombent", Politische Testamente (Anm. 35), 346.

43 Anders sieht es *Schieder,* Friedrich (Anm. 21), 142.

44 Zu den brandenburgischen Erbansprüchen auf schlesische Teilfürstentümer vgl. *Baumgart,* Annexion und Eingliederung (Anm. 17), 84f. mit älterer Literatur.

45 Stark betont von *Johannes Kunisch,* Staatsverfassung und Mächtepolitik. Zur Genese von Staatenkonflikten im Zeitalter des Absolutismus (Historische Forschungen 15), Berlin 1979, 14, zum Erbfolgekonflikt 62ff.

wichts- und Teilungspolitik er sich berufen konnte, die bekanntlich vor der raschen Entfesselung dynastischer Kriege und bedenkenlosem Ländertausch ohne Rücksicht auf die betroffene Bevölkerung nicht zurückschreckte. Es war nicht so singulär, wie oft behauptet wurde[46]. Auch seine europäischen und deutschen Konkurrenten warteten nur darauf, aus dem Scheitern von Kaiser Karls VI. Politik der Pragmatischen Sanktion territorialen Gewinn zu ziehen. Weitgehende Aufteilungspläne aus der Konkursmasse der anscheinend zur Auflösung bestimmten Habsburgermonarchie, an denen neben Frankreich und Kurbayern zunächst auch Kursachsen und die spanischen Bourbonen teilhatten, waren schon vorbereitet, ehe der österreichische Erbfolgekrieg voll einsetzte[47]. Friedrich allerdings beschränkte seine Ansprüche auf Schlesien mit der Grafschaft Glatz und ordnete diesem begrenzten Ziel alles andere unter, so daß er für seine Alliierten alsbald zu einem unsicheren Partner wurde, der um den Preis Schlesiens auch zum Separatfrieden bereit war. Der König kam den dynastisch begründeten Ansprüchen der Wittelsbacher und Wettiner zuvor und zwang ihnen sein Gesetz des Handelns auf. Er unterschied sich von diesen Mitfürsten durch größeren Ehrgeiz, schärfere politische Intelligenz und eine höhere Risikobereitschaft, die ihn die militärische Aktion als kalkuliertes Mittel der Außenpolitik einsetzen ließ.

Friedrich ließ sich von der preußischen Staatsräson leiten; national-deutsche Absichten, wie sie ihm nationalbewußte Historiker des 19. Jahrhunderts unterstellten, kannte er ebensowenig, wie er die Spielregeln des Reiches respektierte, in das der preußische Staat des 18. Jahrhunderts nach wie vor eingebunden blieb. Dies bedeutete allerdings nicht, daß der König etwa auf eine aktive Reichspolitik verzichtet hätte. Friedrich war sogar, wie neuerdings mit plausiblen Argumenten gezeigt wurde[48], ein sehr erfolgreicher Reichspolitiker, der sich des komplizierten Instrumentariums und des Regensburger Forums der Reichspolitik immer dann geschickt bediente, wenn er dort der habsburgisch-österreichischen Macht Abbruch tun konnte, ohne deshalb je die Intention oder die Chance zu haben, selbst Kaiser zu werden; „Gegenkaiser" hat man ihn genannt[49]. So stützte er zwischen den beiden Schlesischen Kriegen das kurze und instabile Wittelsbachische Kaisertum Karls VII., das seine Existenz der französischen Krone und ihm

---

[46] Besonders pointiert von *Gooch* (Anm. 30) in der Nachfolge T. B. Macaulays.

[47] Vgl. *Karl Theodor Heigel,* Der österreichische Erbfolgestreit und die Kaiserwahl Karls VII., Nördlingen 1877; *Fritz Wagner,* Kaiser Karl VII. und die großen Mächte 1740 - 1745, Stuttgart 1938; *Kunisch,* Staatsverfassung (Anm. 45), 62ff.

[48] *Volker Press,* Friedrich der Große als Reichspolitiker, in: Duchhardt, Friedrich (Anm. 23), 25ff.; ferner *Anton Schindling,* Friedrich der Große und das reichische Deutschland, in dem Ausstellungskatalog: Friedrich der Große. Sein Bild im Wandel der Zeiten, hrsg. v. Wolfgang Kaiser, Frankfurt 1986, 13ff.

[49] *Karl Otmar von Aretin,* Heiliges Römisches Reich 1776 - 1806. Reichsverfassung und Staatssouveränität (Veröff. des Instituts f. europ. Geschichte Mainz 38), 2 Bde. Wiesbaden 1967, darin Bd. 1, 19ff., relativierend dazu *Schindling* (Anm. 48), 14.

selbst verdankte[50]. Nachdem er die Rückkehr des Hauses Österreich-Lothringen zur römisch-deutschen Kaiserwürde 1745 im Dresdner Frieden hatte konzedieren müssen und nachdem das Reich im Siebenjährigen Krieg die Reichsexekution, nicht jedoch die Reichsacht, über ihn verhängt hatte, mobilisierte er während seiner späteren Regierung noch einmal sehr geschickt das Reich gegen Kaiser Joseph II. und dessen belgisch-bayerische Tauschpläne; ihre Realisierung hätte die Kräfteverhältnisse dort entscheidend zugunsten des Hauses Österreich verändert. Der sog. Bayerische Erbfolgekrieg 1778/79 und wieder der Fürstenbund von 1785 bestätigten dann nochmals, daß sich die Konzeption des deutschen Dualismus mit Preußen als zweiter Großmacht neben Österreich im Reich voll durchgesetzt hatte. Dieser Dualismus, der das ohnehin labil gewordene Reichssystem überlagerte und seine überkommenen Organe und Funktionen lähmte, mußte den Reichsverband schließlich sprengen[51].

Es bleibt festzuhalten, daß Friedrichs Großmachtpolitik am Reich und im Reichsverband kein Genügen fand. Bei dem Versuch, sich als fünfte Großmacht zu etablieren, stieß er jedoch lange auf den anhaltenden Widerstand der etablierten Mächte. Denn die preußischen Interessen kollidierten mit der Balance des europäischen Mächtesystems[52], die seit den Friedensschlüssen von Utrecht bzw. von Stockholm/Nystadt (1713 - 1719/21) mühsam aufgerichtet worden war. Der Neuling und Aufsteiger gefährdete durch sein rücksichtsloses Vorgehen nicht allein die Position Österreichs im Reich, sondern das ganze System der europäischen Hegemonialmächte, unter denen die Flügelmächte England und Rußland neben den alten Gegnern Frankreich und Österreich zunehmend an Gewicht gewonnen hatten; Friedrich ging deshalb in seinem eigenen außenpolitischen Kalkül stets von der Rivalität zwischen den Großmächten England und Frankreich als der beherrschenden Konstante der internationalen Beziehungen aus[53], vernachlässigte dabei freilich die wachsende Bedeutung der östlichen Macht Rußland[54].

Die europäischen Mächte wollten es nicht einfach hinnehmen, daß durch König Friedrichs II. Politik und Kriegführung sich „Preußen zu einer neuen Macht vom ersten Rang in Europa erhob“, wie es in einer aus dem Umkreis

---

[50] Jetzt *Volker Press,* Das Wittelsbachische Kaisertum Karls VII., in: Andreas Kraus (Hrsg.), Land und Reich, Stamm und Nation. Probleme und Perspektiven bayerischer Geschichte. Festgabe für Max Spindler zum 90. Geburtstag, Bd. 2, München 1984, 201 ff.

[51] Unterschiedliche Beurteilung des Dualismus bei *Press* (Anm. 48), *Schindling* (Anm. 48), und *von Aretin* (Anm. 49).

[52] Zur „Ideologie“ dieses Staatensystems vgl. *Fritz Wagner,* Europa im Zeitalter des Absolutismus und der Aufklärung. Die Einheit der Epoche, in: Theodor Schieder (Hrsg.), Handbuch der europäischen Geschichte, Bd. 4, Stuttgart 1968, 62 ff.

[53] Für den Beginn der Regierung vgl. *Berney* (Anm. 22), 113; Selbstzeugnisse in seinem Politischen Testament von 1752, Ausgabe Dietrich (Anm. 35), 344 u. ö.

[54] Allerdings schätzte er 1768 die künftige Gefährlichkeit Rußlands besonders hoch ein, Politisches Testament, ebenda, 622.

des österreichischen Staatskanzlers Kaunitz stammenden Schrift von 1761 hieß[55]; sie sahen „die Ruhe und das Gleichgewicht von Europa und besonders von Teutschland“ durch den militärstarken, auf der inneren Linie gegen eine numerisch und materiell weit überlegene große Koalition kämpfenden Roi-connétable gefährdet. Deshalb erstrebten die Alliierten des Siebenjährigen Krieges mit größter Hartnäckigkeit, aber, wie man weiß, letztlich vergebens, nicht nur die Rückgewinnung Schlesiens, vor allem um derentwillen Maria Theresia die große österreichische Staats- und Verwaltungsreform von 1749 nach preußischen Vorbildern durchgesetzt hatte[56]; vielmehr ging es ihnen, die russische Politik eingeschlossen[57], darum, Preußen zwar nicht auszulöschen, aber doch zu einer „puissance très sécondaire“ zurückzustufen; sie wollten den König territorial auf den Status eines mittleren Reichsfürsten reduzieren, dem eine selbständige Kriegführung nicht mehr möglich war, mithin seine Großmachtambitionen ein für allemal zerstören.

Ein solches alliiertes Kriegsziel der Reduktion Preußens „in die alte Mittelmäßigkeit“ ließ sich bekanntlich auch in dem langen Ringen des Siebenjährigen Krieges mit seinen rasch wechselnden Konstellationen, bedeutenden Siegen und schweren Niederlagen für Friedrich auf den verschiedensten Kriegsschauplätzen nicht realisieren. In dem Bemühen, das vielberufene „Mirakel des Hauses Brandenburg“, zumal nach Kunersdorf, verständlich zu machen, akzentuieren die Historiker gegenwärtig[58] eher die strukturellen Mängel der methodisch verfestigten, begrenzten Kriegführung im Zeitalter der Kabinettskriege und Berufsheere, die den politische und militärische Führung in einer Person vereinenden Preußenkönig begünstigten. Daneben blieb sicherlich als wesentlicher Faktor die unbestrittene persönliche Bewährung des Königs in zuweilen ausweglosen Krisensituationen, blieben

---

[55] Abdruck im Anhang zu *Johannes Kunisch,* Das Mirakel des Hauses Brandenburg. Studien zum Verhältnis von Kabinettspolitik und Kriegführung im Zeitalter des Siebenjährigen Krieges, München / Wien 1978, 125f., vgl. dazu 35ff.

[56] Vgl. *Friedrich Walter,* Theresianische Staatsreform von 1749, Wien 1958; *ders.,* Preußen und die österreichische Erneuerung von 1749, in: MIÖG 51 (1937), 415ff.

[57] Damit dürfte sich die thematische Kontroverse um das Kriegsziel der „déstruction totale“, die nicht Bestandteil der beiden österreichisch-französischen Verträge von 1756/57 war, weitgehend erledigen: Selbst wenn, wie *Michael G. Müller,* Rußland und der Siebenjährige Krieg. Beitrag zu einer Kontroverse, in: Jbb. f. Geschichte Osteuropas 28 (1980), 198ff., gegen *Kunisch* (Anm. 55) betont, eine derartige „déstruction totale“ nicht zu den ursprünglichen russischen Kriegszielen zählte, mußte doch die von der russischen Außenpolitik erstrebte Reduktion und territoriale Amputation zum Ende jeder preußischen Großmachtstellung führen. Vgl. dazu jetzt *Gregor Schöllgen,* Sicherheit durch Expansion? Die außenpolitischen Lageanalysen der Hohenzollern im 17. und 18. Jahrhundert im Lichte des Kontinuitätsproblems in der preußischen und deutschen Geschichte, in: HJb 104 (1984), 43.

[58] Vor allem *Kunisch,* Mirakel (Anm. 55); daneben betont *Schieder,* Friedrich (Anm. 21), 341, stärker die persönliche Komponente des Roi-connétable, neuerdings auch *Christopher Duffy,* Frederick the Great. A Military Life, London 1985, bes. 289ff.

seine charismatischen Führungsqualitäten als Feldherr und das Wirken Fortunas in Gestalt des Todes der syphilitischen Kaiserin Elisabeth. Im Frieden zu Hubertusburg vermochte so König Friedrich seinen Staat gegen eine zuletzt abgebröckelte große Koalition als eine Macht von europäischem Rang zu behaupten[59].

Mit seinem Eintritt in den Kreis der europäischen Mächte paßte sich der Preußenkönig den dort geltenden Regeln des begrenzten und kalkulierten Konflikts an. Ihm war schon 1752, in seinem ersten Politischen Testament, klar[60], daß in Europa ein politisches System bestand, das größere Eroberungen verhinderte und Kriege deshalb nutzlos machte, es sei denn, sie wurden mit überlegener Macht geführt und vom Glück begünstigt. Wenn er dennoch 1756 den Präventivkrieg wählte[61], dann meinte er, nur dadurch den Kriegsvorbereitungen seiner Gegner zuvorzukommen und einer Zwangslage zu entgehen, von der er schon im Antimachiavell schrieb[62], daß ein Fürst handeln müsse, „so lange er noch zwischen Krieg und Frieden wählen kann". Im übrigen aber setzte sich bei Friedrich die Einsicht durch, daß nicht nur „viel Mäßigung und viel Gleichmut gegen alle Nachbarn" notwendig seien, um die Kabinette Europas an den veränderten Status Preußens zu „gewöhnen"[63], sondern daß der Rationalismus der Aufklärung die Staatskunst ebenso zügeln könne wie die Kriegführung.

Die Politik der Balance und des Interessenausgleichs der Mächte untereinander, die große Kriege verhindern und die Konvenienz aufrechterhalten sollte, begünstigte aber auch dem modernen Betrachter unverständliche Formen des bedenkenlosen Ländertauschs und der Partage. Dafür ist das Beispiel der Ersten Teilung Polens 1772 zwischen Rußland, Preußen und Österreich symptomatisch[64], aber keineswegs singulär, wie die von Fried-

---

[59] Dabei blieb sich der Preußenkönig in realistischer Selbsteinschätzung der fortdauernden Fragilität der preußischen Position bewußt, namentlich im Politischen Testament von 1768, Ausgabe Dietrich (Anm. 35), 466, 616ff., wo er die Ressourcenarmut, den Bevölkerungsmangel und die geringen Einkünfte beklagt: „Wir haben weder ein Mexiko noch ein Peru ..." etc. 1781 wählte der König den Vergleich mit den Affen: „denn wir äffen die Großmächte nach, ohne es zu sein": Das Tagebuch des Marchese Lucchesini (1780 - 1782), hrsg. v. F. v. Oppeln-Bronikowski u. G. B. Volz, München 1926, 83. Zur Problematik auch *Otto Hintze,* Friedrich der Große nach dem Siebenjährigen Krieg und das Politische Testament von 1768, in: *ders.,* Regierung und Verwaltung (Anm. 5), 467ff.

[60] Politisches Testament, Ausgabe Dietrich (Anm. 35), 344.

[61] Zur Beurteilung jetzt *Winfried Baumgart,* Der Ausbruch des Siebenjährigen Krieges. Zum gegenwärtigen Forschungsstand, in: Militärgeschichtliche Mitteilungen 11 (1971), 157ff.

[62] Oeuvres, Bd. 8, 295ff.

[63] Friedrich an Podewils, 23. 6. 1742, in: Politische Correspondenz Friedrichs des Großen, bearbeitet von Reinhold Koser u. a., 46 Bde., Berlin 1879 - 1939, [zitiert: P. C.] hier: Bd. 2, 213: „beaucoup de modération et de douceur envers tous nos voisins ..."

[64] Dazu *Karl Otmar von Aretin,* Tausch, Teilung und Länderschacher als Folgen des Gleichgewichtssystems der europäischen Großmächte. Die polnischen Teilungen als europäisches Schicksal, in: JGMOD 30 (1981), 53ff.; am faktenreichsten noch

rich 1779 und abermals 1785 vereitelten bayerisch-belgischen Tauschpläne zeigen[65]. Der Preußenkönig, der durch das Bündnis mit Rußland von 1764 seine außenpolitische Isolierung nach dem Siebenjährigen Kriege durchbrach[66], sah in der ersten Teilung, die ihm selbst mit Westpreußen die lange ins Auge gefaßte Landbrücke in sein ostpreußisches Kronland eröffnete[67], durchaus ein legitimes Instrument aufgeklärter Machtpolitik[68]; er betrieb sie, wenngleich anfangs eher zögerlich und keineswegs enthusiastisch, vermittelt durch seinen Bruder Heinrich, im Einverständnis mit der russischen Kaiserin Katharina, mit Kaiser Joseph II. und Staatskanzler Kaunitz, allerdings gegen den Rat Maria Theresias, nach rationalem Kalkül. Aus der Sicht der osteuropazentrierten Historiographie unserer Tage erscheint das „Mirakel des Hauses Brandenburg" im Siebenjährigen Krieg dann, nach einer einprägsamen Formel, „zugleich als das Debakel der Republik Polen"[69]. Aber die Teilungspolitik der „drei schwarzen Adler" zu Lasten der polnischen Adelsrepublik, die den preußischen Staat fortan in noch höherem Maße auf Ostmitteleuropa festlegte, blieb dabei doch an die Bedingungen der Kabinettspolitik des 18. Jahrhunderts gebunden. Sie läßt sich schwerlich lediglich als eine Art „geschichtslogisches" Glied in der Kette einer traditio-

---

immer *Adolf Beer,* Die erste Teilung Polens, 2 Bde., dazu Dokumentenband, Wien 1873; daneben *Herbert H. Kaplan,* The First Partition of Poland, New York / London 1962. Aus moderner polnischer Sicht: *Jerzy Topolski,* Reflections on the First Partition of Poland (1772), in: Acta Poloniae Historica 27 (1972), 89ff., der Kaplans Buch als „a complete deception" wertet, weil dieser die drei Teilungsmächte als völlig gleichartige politische Ziele verfolgend ansieht und weil er Österreich statt Preußen als den treibenden Faktor herausstellt (90f.); jetzt zusammenfassend und in übergreifender Perspektive *Michael G. Müller,* Die Teilungen Polens 1772 - 1793 - 1795, München 1984.

[65] Jetzt aus der Perspektive der Reichspolitik *Press,* Friedrich als Reichspolitiker (Anm. 48), 48ff.; *ders.,* Bayern am Scheideweg. Die Reichspolitik Kaiser Josephs II. und der Bayerische Erbfolgekrieg 1777 - 79, in: Festschrift für Andreas Kraus zum 60. Geburtstag, hrsg. v. Pankraz Fried u. Walter Ziegler, Kallmünz 1982, 277ff.; ferner *von Aretin,* Heiliges Römisches Reich (Anm. 49), Bd. 1, 110ff.

[66] Vgl. *Walther Mediger,* Friedrich der Große und Rußland, in: Oswald Hauser (Hrsg.), Friedrich der Große in seiner Zeit (Neue Forschungen z. brand.-preuß. Geschichte 8), Köln / Wien 1987, 103ff.; ferner *Wolfgang Strbrny,* Die Rußlandpolitik Friedrichs des Großen 1764 - 1786 (Beihefte zum Jb. der Albertus-Universität Königsberg 26), Würzburg 1966.

[67] Schon in dem seiner Bedeutung nach für die späteren politischen Konzeptionen des außenpolitisch noch gänzlich unerfahrenen Friedrich häufig stark überschätzten „Natzmer-Brief" vom Februar 1731, Oeuvres Bd. 16, 3ff.

[68] In der Vorrede von 1775 zur „Histoire de mon temps" spricht er von dem ersten geschichtlichen Beispiel „d'un partage réglé et terminé paisiblement entre trois puissances ...", Oeuvres Bd. 2, 32.

[69] *Klaus Zernack,* Negative Polenpolitik als Grundlage deutsch-russischer Diplomatie in der Mächtepolitik des 18. Jahrhunderts, in: Rußland und Deutschland. Festschrift für Georg v. Rauch, hrsg. v. U. Liszkowski, Stuttgart 1974, 152; auch *ders.* in einer Auseinandersetzung mit *Kunisch* (Anm. 55) über die Bedeutung des Siebenjährigen Krieges für das europäische Mächtesystem und die preußisch-russischen Beziehungen: Preußisches Königtum und polnische Republik 1701 - 1763, in: ders. (Hrsg.), Polen und die polnische Frage in der Geschichte der Hohenzollernmonarchie (Einzelveröff. der Histor. Komm. zu Berlin 33), Berlin 1982, bes. 14ff.

nellen preußischen Expansions- und Annexionspolitik nach Nordosten interpretieren, an der die russische und österreichische Politik allenfalls sekundär und womöglich widerwillig beteiligt waren[70].

*

König Friedrich gilt aber den Historikern keineswegs nur als ein Machtstaatspolitiker, der die eigene Staatsräson entschlossen und zielstrebig, aber ebenso rücksichtslos und machiavellistisch zum Leitmotiv seines außenpolitischen Handelns erhob und auf diese Weise der preußischen Monarchie eine veränderte Stellung im europäischen Staatengefüge wie im Alten Reich verschaffte. Er gilt ihnen daneben und vor allem als der Exponent und womöglich als der stilbildende Prototyp[71] jenes politischen Systems, das in Abbreviatur mit den Begriffen „Aufklärung" und „aufgeklärter Absolutismus" umschrieben werden kann. Eine aufgeklärte politische Theorie verband sich bei ihm mit einer dem Anspruch nach unverändert absoluten, aber in der Wirkung reformerischen monarchischen Selbstherrschaft zu einer für das fortgeschrittene 18. Jahrhundert epochenspezifischen Synthese.

Diese Synthese von Selbstherrschaft und politischem Aufklärungsdenken war nicht unproblematisch, weil sie rasch an die Grenzen stieß, die aufgeklärte Monarchen nicht überschreiten konnten, wenn sie sich nicht selbst aufgeben oder überflüssig machen wollten. Friedrich und mit ihm allen aufgeklärten Absolutisten ist schwerlich der Vorwurf der Inkonsequenz oder der Täuschung zu machen[72], wenn sie ihren bestehenden monarchischen Staat verteidigten und gegen die Lehren einer zunehmend radikalisierten Aufklärung abgrenzten, die als soziale und politische Emanzipationslehre geradewegs auf die Prinzipien der Amerikanischen Revolution von 1776 und der Französischen Revolution von 1789 zusteuerten. Anders ausgedrückt: Von der autokratisch regierten Monarchie des Aufklärungszeitalters führte kein direkter Weg zum Konstitutionalismus, zum Verfassungsstaat des 19. Jahrhunderts. Wenn der Monarch die bestehende Ordnung nicht umstürzen wollte, konnte er nur anstreben, als „Reformabsolutist" das tradierte monarchische Herrschaftssystem nach vernünftigen, „aufgeklärten" Prinzipien zeitgemäß fortzuentwickeln.

---

[70] So z.B. *Tadeusz Cegielski*, Preußische ‚Deutschland- und Polenpolitik' in dem Zeitraum 1740 - 1792, in: Polen und die deutsche Frage (Anm. 69), 21ff.; ähnlich *Topolski* (Anm. 64).

[71] So seinerzeit *Hartung*, Der aufgeklärte Absolutismus (Anm. 20), 62ff., vgl. auch die weitere in Anm. 20 angeführte Literatur; ferner *Schieder*, Friedrich (Anm. 21), 284ff.

[72] So namentlich *von Aretin*, Der aufgeklärte Absolutismus (Anm. 20), Einleitung 12f., 36ff., sowie die dort abgedruckten Aufsätze von *Georges Lefèbvre* (77ff.) und *Emile Lousse* (89ff.).

Dafür boten ihm die ältere und neuere europäische wie deutsche Naturrechtslehre[73] und die deutsche Kameralistik von Pufendorf und Thomasius bis zu den Schülern Christian Wolffs und zu Justi manche theoretische Stütze. Für die praktische Politik allerdings mußten die Regenten die dort aufgestellten Prinzipien und Anregungen erst zu einer eigenen Konzeption verarbeiten, um eine aufgeklärt-absolutistische „Reformpolitik" zu gestalten.

Von Friedrich wissen wir, daß er zeitlebens viel intensiver als die meisten seiner fürstlichen Zeitgenossen um eine theoretische Begründung und Rechtfertigung seiner Regierungsweise bemüht war, viel ausgeprägter etwa als Kaiser Joseph II.[74], der in seiner Reformpraxis weit über sein preußisches Vorbild hinausging. Aber er setzte sich dadurch auch stärker der nachträglichen Kritik aus, wie etwa die langen Kontroversen um die Veröffentlichung seines Politischen Testamentes von 1752 zeigen[75]. Friedrich erstrebte nach seinem eigenen Zeugnis[76] nichts Geringeres als ein einheitliches „système de la politique" in Analogie zu einem philosophischen System, und zwar nach vernunftgemäßen Grundsätzen. In diesem System suchte er äußere wie innere Politik, Heer und Wirtschaft sowie die Justiz aufeinander zu beziehen und einem einheitlichen Begründungszusammenhang zu unterwerfen. Diesen lieferte ihm das wohlverstandene, von der Vernunft diktierte Interesse des Staatswesens, das sich nach Friedrich durchaus mit den wahren Interessen der Untertanen deckte, ihrem „Glück" dienen sollte. Einheitliches Leitmotiv sowohl der inneren wie der auswärtigen Politik blieb für den König mithin die Staatsräson[77], die den Staat als Machtorganisation im komplizierten Balancesystem der europäischen Mächte leiten sollte, während sie im Innern dafür sorgte, das Gemeinwohl zu sichern und die Herrschaft der Gesetze zu gewährleisten. In der (freiwilligen) Bindung an die Staatszwecke lagen zugleich die inneren Einschränkungen der eigenen Souveränität. Dieses System der Konkordanz von Staatsräson und Aufklärungsidealen erlegte dem Monarchen selbst wie seinen Untertanen einen Kanon von Pflichten oder von staatsbürgerlichen Tugenden auf. Es sollte

[73] Dazu etwa die Beiträge zu dem Sammelband von *Hans Thieme* (Hrsg.), Humanismus und Naturrecht in Berlin - Brandenburg - Preußen (Veröff. der Histor. Komm. zu Berlin 48), Berlin / New York 1979; ferner *Diethelm Klippel,* Politische Freiheit und Freiheitsrechte im deutschen Naturrecht des 18. Jahrhunderts (Rechts- und Staatswiss. Veröff. der Görres-Gesellschaft N.F. 23), Paderborn 1976.

[74] Vgl. die neuen knappen Skizzen von *Lorenz Mikoletzky,* Kaiser Joseph II. Herrscher zwischen den Zeiten (Persönlichkeit und Geschichte 107), Göttingen 1979; *Hans Wagner,* Joseph II. Persönlichkeit und Werk, in: Österreich zur Zeit Kaiser Josephs II. Katalog der Ausstellung in Stift Melk, Wien 1980, 6ff.

[75] Dazu die einleitenden Bemerkungen *Otto Hintzes* zu seiner erst 1920 veröffentlichten Abhandlung: Friedrich der Große nach dem Siebenjährigen Kriege und das Politische Testament von 1768, in: ders., Regierung und Verwaltung (Anm. 5), 448f.

[76] Politisches Testament, Ausgabe Dietrich (Anm. 35), 326.

[77] Dazu *Sellin* (Anm. 20), 98f., vgl. auch Anm. 39.

nach Friedrichs Wort „immer das höchste Wohlergehen der bürgerlichen Gesellschaft berücksichtigen". Der König wollte eine staatsutilitaristische Wohlfahrtspolitik betreiben[78].

In derartigen Formulierungen dokumentierte sich zugleich das veränderte Staatsverständnis des Königs, das im wesentlichen schon während seiner für die „Selbstbildung" entscheidenden Rheinsberger Jahre eklektisch in der Auseinandersetzung des Kronprinzen mit der zeitgenössischen Aufklärungstheorie entstanden war[79]. Friedrich vollzog bewußt den Bruch mit einer langen Herrschaftstradition nicht nur in seinem eigenen Hause, sondern in den europäischen Monarchien, indem er das Gottesgnadentum durch eine rein säkulare, aufgeklärte Herrschaftslegitimation ersetzte; zugleich betrachtete er den Staat und dessen Bevölkerung nicht mehr als das Eigentum des Monarchen, sondern diesen als den Magistrat (Diener) des Staates. Eine aus Anlaß seines Regierungsantritts 1740 geschlagene Medaille trug die programmatische Inschrift[80]: „Fridericus rex natura". In der Symbolsprache der Zeit sollte hier zum Ausdruck gebracht werden, daß der König seine Herrschaft nicht mehr wie noch alle seine Vorgänger in traditioneller Weise als göttlichen Auftrag, als dynastische Erbfolge verstand. Er gründete die Stellung und die Aufgaben eines aufgeklärten Monarchen auf die naturrechtliche Vertragstheorie. Monarchische Regierung beruhte demnach auf einem Gesellschafts- und Herrschaftsvertrag, dem sich die ursprünglich gleichen und freien Menschen nur zu ihrem eigenen Schutz und deshalb unterwerfen, um „die mannigfaltigen Einzelinteressen aller zu einem Gesamtinteresse" zusammenzufassen, wie es schon 1739/40 heißt[81].

Noch 1777 bezeichnete er die Monarchie als eine von den Menschen geschaffene reine Zweckeinrichtung: „Die Aufrechterhaltung der Gesetze war der einzige Grund, der die Menschen bewog, sich Obere zu geben; dies ist der wahre Ursprung der Herrschergewalt (Souveränität)". Ihr Inhaber wurde, wie Friedrich dann mit der bekannten, von ihm mehrfach variierten Formel fortfuhr, „der erste Diener des Staates". Die Lehre vom premier domestique (serviteur, magistrat) findet sich zwar in der älteren staatstheoretischen Literatur[82], so bei Fénelon, Bayle oder Montesquieu, aber erst König Friedrich hat ihr praktische Bedeutung verliehen.

Friedrich nahm der Monarchie nicht nur die religiöse Weihe, sondern er relativierte sie auch, indem er sie mit anderen Regierungsformen verglich,

---

78 Vgl. Friedrichs Schrift „Essai sur les formes de gouvernement et sur les devoirs des souverains" von 1777, in: Oeuvres, Bd. 9, 195ff.; dazu *Peter Baumgart*, Naturrechtliche Vorstellungen in der Staatsauffassung Friedrichs des Großen, in: Humanismus und Naturrecht (Anm. 73), 147ff.

79 Vgl. *Baumgart*, Naturrechtliche Vorstellungen (Anm. 78), 143ff.

80 Ebd., 143.

81 Réfutation, Oeuvres, Bd. 8, 167ff., bes. 202ff.

82 Ebd., Bd. 9, 195ff.; zu den Vorbildern vgl. *Berney* (Anm. 22), 99.

allerdings um ihr dann doch einen Vorzug vor der Republik einzuräumen. Dieser Vorzug beruhte für ihn auf den persönlichen Qualitäten des Herrschers und auf dessen Verpflichtung zur Selbstregierung unter Verzicht auf Minister- und Günstlingsherrschaft, die er allenthalben an den europäischen Höfen, zumal in Frankreich, konstatierte[83]. Obwohl er die Möglichkeit einer Entartung des monarchischen Regiments sehr wohl erkannte, war er nicht bereit, daraus Konsequenzen zu ziehen. Ein Widerstandsrecht selbst gegen eine tiefgreifende Verletzung des ursprünglichen Herrschaftsvertrags wollte der aufgeklärte Autokrat nicht akzeptieren. Er dachte nicht daran, die absolute Monarchie in eine konstitutionelle umzuwandeln, wie dies der spätere Kaiser Leopold II., jedenfalls als Großherzog von Toskana, für denkbar hielt[84].

Ein Reformprogramm „von oben" auf der Grundlage derartiger Anschauungen mußte sich in engen Grenzen halten, sollte es nicht die Fundamente der eigenen monarchischen Herrschaft angreifen. Es konnte nicht umfassend, sondern nur sektoral auf Teilbereiche zugeschnitten sein. Des Königs praktische Reformpolitik orientierte sich deshalb verständlicherweise ganz pragmatisch an den Erfordernissen und den Möglichkeiten des eigenen Staatswesens unter Berücksichtigung der Grundsätze einer vernunftgerechten Staatsräson, die auch das Staatsoberhaupt einem umfassenden Pflichtethos unterwarf und eine Beschränkung der monarchischen Gewalt gemäß den in der Vertragstheorie gesetzten Staatszwecken gebot[85]. Deshalb ist es nicht zufällig, wenn ein Schwerpunkt der friderizianischen Reformmaßnahmen im Bereich des Justizwesens lag.

Die Rechtspolitik des Königs[86] und seiner bedeutenden Mitarbeiter von Cocceji bis zu Carmer und Svarez besaß eine rechtsstaatliche, nicht nur eine

---

[83] Politisches Testament, Ausgabe Dietrich (Anm. 35), 326.

[84] Vgl. *Adam Wandruszka,* Leopold II. Erzherzog von Österreich, Großherzog von Toskana, König von Ungarn und Böhmen, Römischer Kaiser, 2 Bde. Wien / München 1963 - 65, hier Bd. 1, 368 ff.

[85] Aus den Staatszwecken ergaben sich nach der Ansicht von Carl Gottlieb Svarez „die inneren Einschränkungen der Souveränität und ihr Unterschied zum Despotismus", Vorträge über Recht und Staat von Carl Gottlieb Svarez (1746 - 1798), hrsg. v. Hermann Conrad u. Gerd Kleinheyer, Köln / Opladen 1960, 229; eine neue Charakteristik dieses eigentlichen Schöpfers des preußischen Allgemeinen Landrechts von 1794 jetzt durch *Günter Birtsch,* Carl Gottlieb Svarez, Mitbegründer des preußischen Gesetzesstaates, in: Geschichte und politisches Handeln. Studien zu europäischen Denkern der Neuzeit, hrsg. von Peter Alter u. a., Stuttgart 1985, 85 ff.

[86] Neben dem unentbehrlichen Werk von *Adolf Stölzel,* Brandenburg-Preußens Rechtsverwaltung und Rechtsverfassung, Bd. 2, Berlin 1888, und *Otto Hintze,* Preußens Entwicklung zum Rechtsstaat (1920), in: ders., Regierung und Verwaltung (Anm. 5), 97 ff., die gesammelten Aufsätze von *Eberhard Schmidt,* Beiträge zur Geschichte des preußischen Rechtsstaates (Schriften zur Verfassungsgeschichte 32), Berlin 1980, die Abhandlungen von *Hermann Conrad,* zuletzt: Staatsgedanke und Staatspraxis des aufgeklärten Absolutismus (Rheinisch-Westfäl. Akademie der Wissenschaften Vorträge G. 173) Opladen 1971, schließlich in knappster prägnanter Zusammenfassung *Günter Birtsch,* Der preußische Staat unter dem Reformabsolutis-

„gesetzesstaatliche“ Komponente[87], angefangen bei der bewußten Selbstbeschränkung des königlichen Gesetzgebers und dem weitgehenden Verzicht auf monarchische Machtsprüche über die verschiedenen Etappen der Gerichtsreform seit 1748, der fortschreitenden Trennung von Justiz und Verwaltung (1749 - 1782), der Humanisierung des Strafrechts durch frühzeitige Abschaffung der Folter (1740/54), Aufhebung grausamer Strafen, Beschränkung der Todesstrafe, Berücksichtigung des Grundsatzes der Verhältnismäßigkeit und Billigkeit. Dies geschah zu einem Zeitpunkt, als in Österreich die „Constitutio Criminalis Theresiana“ von 1768 das überaus harte Strafensystem der Carolina von 1530 noch einmal kompilierte[88], ehe Joseph II. dann einschneidende Verbesserungen einführte. Der Simplifizierung des materiellen Rechts folgte schließlich spät die Kodifizierung, die mit dem bereits in die Regierung des Nachfolgers fallenden Allgemeinen Gesetzbuch von 1791 und dem daraus hervorgegangenen „Allgemeinen Landrecht für die Preußischen Staaten“ von 1794 ihren krönenden Abschluß fand.

Friedrichs aufgeklärte Reformmaximen kamen auch in anderen staatlich-gesellschaftlichen Teilbereichen seiner Monarchie zur Geltung, die hier nur noch angedeutet werden können: So verband der König eine ausgreifende Siedlungs- und intensive Bevölkerungspolitik mit den Grundsätzen einer sehr weitgehenden religiösen Toleranz[89], während er andere für seinen Staat zentrale Maßnahmen wie die Agrarreformen und die Bauernschutzpolitik zwar nicht ausklammerte, aber doch nicht durchgreifend anpackte[90]. Wider eigenes besseres Wissen wagte er an den bestehenden, allerdings sehr unterschiedlichen Agrarstrukturen seiner „preußischen Staaten“ nicht zu rütteln; sie schienen ihm als Basis der kantonalen Militärverfassung und ganz generell seines gerade in der Spätzeit überspitzt autokratischen, auf seine

---

mus Friedrichs II., seine Verwaltung und Rechtsauffassung, in: Friedrich der Große. Herrscher zwischen Tradition und Fortschritt, Konzeption und Redaktion Eberhard Bethke, Gütersloh 1985, bes. 136ff.; sowie *Detlef Merten*, Allgemeines Landrecht, in: Treue (Hrsg.), Preußens großer König (Anm. 17), 56ff.

87 Anders *Birtsch:* „Auf dem Wege zum Rechtsstaat ist er [der „preußische Reformabsolutismus“] im ständisch geordneten absolutistischen Gesetzesstaat steckengeblieben“ (Anm. 85, 138).

88 Knappe Charakteristik bei *Hermann Conrad*, Deutsche Rechtsgeschichte, Bd. 2, Karlsruhe 1966, 426f.: „... von der Reformbewegung des Strafrechtes, wie sie von der Aufklärung ausging, wenig berührt“; detailliert *Ernst von Kwiatkowski*, Die Constitutio Criminalis Theresiana, Innsbruck 1904; josephinische Strafgesetzgebung von 1787/88.

89 Zur Religionspolitik zuletzt *Gerd Heinrich*, Religionstoleranz in Brandenburg-Preußen. Idee und Wirklichkeit, in: Manfred Schlenke (Hrsg.), Preußen. Politik Kultur Gesellschaft, Bd. 1, Reinbek 1986, 83ff., bes. 93ff.; zur Siedlungspolitik bleibt unentbehrlich *Max Beheim-Schwarzbach*, Hohenzollernsche Colonisationen, Leipzig 1874; dazu den zusammenfassenden Abschnitt bei *Hubatsch*, Friedrich und die preußische Verwaltung (Anm. 16), 99f.

90 Zuletzt die problematische, von „unorthodoxen“ marxistischen Prämissen ausgehende Abhandlung von *Gustavo Corni*, Absolutistische Agrarpolitik und Agrargesellschaft in Preußen, in: ZHF 13 (1986), 285ff., (mit unrichtigen Nachweisen!).

eigene außergewöhnliche Persönlichkeit zugeschnittenen, in der Kabinettsregierung perfektionierten Regiments[91] unentbehrlich.

Es gab durchaus aufgeklärte fürstliche Zeitgenossen, gerade unter den kleineren deutschen Reichsfürsten einer jüngeren Generation, die den skeptischen Preußenkönig in der Intensität ihres Aufklärungsoptimismus weit übertrafen und deren Reformeifer auf einzelnen Gebieten deshalb wesentlich durchgreifender sein konnte[92]. Aber Friedrichs mit dem Alter zunehmender Skeptizismus, seine wachsenden Zweifel an der Perfektibilität des Menschen, an der Bedeutung des eigenen kleinen Ich im großen Welttheater, am Gang der Geschichte, deren Ziele der „Philosoph von Sanssouci" nicht erkennen mochte[93], bewahrten ihn und seinen Staat vor einer Übersteigerung des aufgeklärten Reformdenkens; dieser übersteigerte Eifer zwang seinen bereits der nächsten Aufklärungsgeneration angehörenden österreichischen Bewunderer und Rivalen Joseph II. noch auf dem Sterbebett dazu, einen Teil seiner Reformen wieder rückgängig zu machen[94].

Das Ergebnis innerer friderizianischer Reformpolitik unter aufgeklärten Prämissen war gewiß nicht spektakulär; zumal das spätfriderizianische System zu Inflexibilität und Erstarrung tendierte[95], so daß in Hinblick auf

---

[91] Vgl. *Baumgart,* Spätfriderizianische Verwaltung (Anm. 15), XXIIff.; dazu *Schieder,* Friedrich (Anm. 21), 297ff.

[92] Beispielhaft als Figur eines derartigen Musterregenten sei hier nur auf die lange Regierung des Markgrafen Karl Friedrich von Baden (1738 - 1811) verwiesen, dessen aufgeklärt-physiokratische Ideen ihn zu einschneidenden Verbesserungen des Agrarwesens und der bäuerlichen Rechtsstellung führten, vgl. jetzt die auch für die Problematik des aufgeklärten Absolutismus aufschlußreiche Charakteristik bei *Klaus Gerteis,* Bürgerliche Absolutismuskritik im Südwesten des Alten Reiches vor der Französischen Revolution (Trierer Historische Forschungen 6), Trier 1983, 7ff.

[93] Vgl. *Eduard Spranger,* Der Philosoph von Sanssouci, 2. Aufl. Heidelberg 1962, etwa 37ff., 56ff., 68ff. – Zur Charakteristik von Friedrichs Philosophieren inzwischen überzeugender *Schieder,* Friedrich (Anm. 21), 374ff.

[94] Zur ausweglosen Situation Josephs II. vor allgemeinen Unruhen in der Monarchie nach belgischem und ungarischem Muster, so daß sogar die Reformer Kaunitz und Pergen auf Rücknahme der kaiserlichen Maßnahmen drängten, vgl. *Ernst Wangermann,* Von Joseph II. zu den Jakobinerprozessen (1959), deutsche Ausgabe Wien / Frankfurt / Zürich 1966, 48ff.; jetzt zur Endphase: *Lorenz Mikoletzky,* ‚Der Bauern Gott, der Bürger Not, des Adels Spott liegt auf den Tod'. Kaiser Josephs II. langes Sterben aus eigener und fremder Sicht, in: MÖSTA 39 (1986), 16ff.; demnächst: *Volker Press,* Kaiser Joseph II. Reformer oder Despot?

[95] So statt vieler *Hartung,* Der aufgeklärte Absolutismus (Anm. 20), 66: „So ist Friedrich bei aller Aufklärung doch für seinen Staat nicht der Wegbereiter in die Zukunft geworden, sondern steht am Schluß des monarchischen Absolutismus"; auch schon *ders.,* Die politischen Testamente der Hohenzollern (1913), wieder in: ders., Volk und Staat in der deutschen Geschichte. Gesammelte Abhandlungen, Leipzig 1940, bes. 147: „Konservativismus", „Zeichen der Erstarrung". – Gegen die These von der „Erstarrung" wendet sich jetzt mit dem Argument, daß Friedrich die politischen und philosophischen Zeittendenzen bis zuletzt erfaßt habe und für Reformen aufgeschlossen gewesen sei, *Gerd Heinrich,* Friedrich der Große. Zum Bild des Preußenherrschers nach zweihundert Jahren (1786 - 1986), in: Geschichte und nationale Identität, hrsg. v. der Landeszentrale für politische Bildung Schleswig-Holstein (Schriftenreihe Gegenwartsfragen 63), Kiel 1986, 49ff., bes. 60.

den politisch-militärischen Zusammenbruch von 1806/07 die Auswirkungen auf den preußischen Staat selbst durchaus ambivalent blieben. Dennoch kann an der Signalwirkung der aufgeklärt-machtbewußten Selbstherrschaft Friedrichs für viele seiner deutschen Mitfürsten nicht gezweifelt werden.

Mit seinen Widersachern und Verbündeten auf europäischen Thronen, den Dynasten seiner Zeit, mit den Königen Ludwig XV. und Ludwig XVI. von Frankreich, mit Kaiserin Elisabeth Petrowna und Katharina II. von Rußland, mit Georg II. und Georg III. von England-Hannover, brauchte der Aufsteiger aus dem „Königreich der Grenzstriche", wie Voltaire spottete, den Vergleich nicht zu scheuen. Er hat diese Dynasten bezeichnenderweise verachtet, während er seiner eigentlichen Gegenspielerin Maria Theresia bei aller anhaltenden unerbittlichen Feindschaft bis zuletzt seinen Respekt und seine Hochachtung zollte, welche die Monarchin verständlicherweise nicht erwidern wollte[96].

Um Friedrich II. als Persönlichkeit und als Politiker im Europa seiner Zeit zu verstehen und zu würdigen, bedarf es der von den Historikern so sehr bemühten Kategorie der „Doppelgesichtigkeit" nicht. Die „Widersprüche", die sie bei ihm sehen wollten, teilt der preußische Monarch mit dem gesamten „aufgeklärten Absolutismus"[97]. So wenig homogen und einheitlich bei genauer Analyse die Aufklärungsbewegung des 18. Jahrhunderts gewesen ist[98] und so rasch sie sich gewandelt hat, so wenig darf die Geschichtsschreibung dies von einem ihrer wichtigsten Repräsentanten erwarten. Sicherlich treten in der Distanz von 200 Jahren die Grenzen des Staatsmanns, Feldherrn und Menschen Friedrich schärfer hervor, als dies frühere Historikergenerationen sehen konnten oder auch zugeben wollten – aber dies beeinträchtigt die unverändert hohe Bedeutung des außergewöhnlichsten Hohenzollernkönigs für die preußisch-deutsche wie für die europäische Geschichte nicht. Wir sollten deshalb auch nicht zögern, Friedrich jenes Attribut der Größe heute zuzuerkennen, das die Zeitgenossen bereits dem jungen König 1745 verliehen haben, und ihn auch 1986 Friedrich den Großen nennen.

---

[96] Charakteristiken der Mitmonarchen in den außenpolitischen Abschnitten der Politischen Testamente, dazu *Schieder*, Friedrich (Anm. 21), 400ff.

[97] Dies bestätigt auch *Schieder*, Friedrich (Anm. 21), 126.

[98] Jetzt zusammenfassend *Horst Möller*, Vernunft und Kritik. Deutsche Aufklärung im 17. und 18. Jahrhundert (edition suhrkamp, Neue Folge 269), Frankfurt 1986.

Friedrich der Große*

Von Johannes Kunisch, Köln

Die Aufgabe eines einführenden Überblicks, wie ich ihn hier zu vermitteln hoffe, kann sicherlich nicht darin bestehen, das Panorama des friderizianischen Preußen in seiner ganzen Vielschichtigkeit und Komplexität zu entfalten. Denn kaum eine andere Epoche der preußischen Geschichte bietet eine solche Fülle glanzvoller und zugleich fragwürdiger Aspekte wie die Regentschaft König Friedrichs II., den schon die Zeitgenossen in Würdigung seines unbestreitbar exzeptionellen Ranges unter den Hohenzollernfürsten mit dem Attribut des Großen ausgezeichnet haben[1]. So gilt es, aus dem breiten Spektrum des halben Dezenniums, das der König so nachhaltig zu prägen vermocht hat, die Gesichtspunkte herauszugreifen, die das Spezifische des Zeitalters wenigstens in Umrissen einzuschätzen und zu würdigen ermöglichen. Vor allem scheint es mir geboten, die Genese jenes Staatswesens ins Auge zu fassen, das der König in den Kreis der europäischen Großmächte hineingeführt hat. Denn so sehr gerade Friedrich der Große als eine Individualität von scharf ausgeprägten Konturen und hoher Eigenständigkeit in Erscheinung tritt, so gründet sein Lebenswerk doch auf Voraussetzungen, die neben ihrer Bedeutung für die Biographie des Königs zugleich auch die Eigentümlichkeiten der preußischen Staatsbildung in einigen Grundzügen erkennen lassen. So wird im folgenden einerseits von der Persönlichkeit Friedrichs II. die Rede sein. Daneben aber sollen auch die innen- und außenpolitischen Rahmenbedingungen zur Sprache kommen, die das Erscheinungsbild des Königs erst in die richtige Perspektive rücken.

Die Hohenzollernmonarchie, die dem heutigen Betrachter wie eine kompakte Ländermasse erscheinen mag, stellte in Wirklichkeit einen Territorienstaat von außerordentlicher Mannigfaltigkeit dar. Seine Keimzelle war ein Markgrafentum, das aus einer von Kaiser und Reich getragenen Slavenmission hervorgegangen ist und sehr frühzeitig schon mit einem der Erzämter des Reiches, dem Erzkämmereramt, ausgestattet war[2]. Dieses Erzamt

* Es handelt sich bei diesem Text um die erweiterte Fassung eines Vortrags, den der Verfasser aus Anlaß des 200. Todestages Friedrichs des Großen in Paris, Rennes, Berlin, Düsseldorf, Münster und Köln gehalten hat. Der Vortragstext ist abgedruckt in: Programmbuch Bach-Tage Berlin, Berlin 1987, 115 - 122.

1 Zum Problem der historischen Größe umfassend *Theodor Schieder,* Friedrich der Große. Ein Königtum der Widersprüche, Frankfurt/Main - Berlin 1983, 473 - 491.

2 Aus der umfangreichen Spezialliteratur sei hier nur auf folgende Studien verwiesen: *Max Buchner,* Die Entstehung der Erzämter und ihre Beziehung zum Werden des

ist es offenbar gewesen, das die abgelegene und ökonomisch unbedeutende Markgrafschaft Brandenburg einbezogen hat in den Kreis der vornehmsten Reichsfürstentümer, jenes aus sieben „columnae“ bestehende Kurfürstenkollegium, das in der berühmten Goldenen Bulle Kaiser Karls IV. von 1356 mit einer Reihe außerordentlicher Privilegien ausgestattet worden war[3]. Um der Funktionen willen, die die Kurfürsten für Kaiser und Reich wahrzunehmen hatten, war nicht nur ihre Gerichtshoheit erweitert und gestärkt, sondern darüber hinaus auch verfügt worden, daß die Kurlande als unteilbar zu betrachten waren und die Erbfolge in den weltlichen Kurfürstentümern nach dem Prinzip der Primogenitur vorgenommen werden sollte. Alle diese, auch die protokollarische „Präeminenz“ des Kurfürstenkollegiums gegenüber den anderen Reichsfürsten regelnden Bestimmungen des Kaisers trugen den Charakter von grundgesetzlichen Normen, die den Kurfürstentümern schon im Spätmittelalter zu einem Maß an territorialer Integrität verhalfen, wie es für diese Phase frühmoderner Staatsbildung sonst noch selten der Fall war. Sie schufen Rahmenbedingungen für einen Prozeß der inneren Konsolidierung und des allmählichen Aufstiegs, an dessen Ende ein Obrigkeitsstaat mit dem Anspruch auf die Reglementierung aller Bereiche des öffentlichen Lebens stand.

Noch um 1600 stellte die Hohenzollernmonarchie einen binnenländischen Territorialstaat an der östlichen Peripherie des Reiches dar, der sich aus einer Reihe von Marken entsprechend dem Vordringen der Mission von West nach Ost zusammensetzte: Die Altmark auf dem linken Ufer der Elbe, die Mittelmark zwischen Elbe und Oder mit Priegnitz und Uckermark und schließlich die Neumark jenseits der Oder. Sie konstituierten sich als ein Gebilde von staatlichem Charakter durch das Fürstenhaus der Hohenzollern und einen kurmärkischen Generallandtag, der die ständischen Interessen der einzelnen Marken zu einer Gesamtvertretung des Landes zusammenschloß. Mit diesem Kernbesitz des Hauses Brandenburg wurden 1614 drei überwiegend protestantische Territorien im Westen des Reiches ver-

---

Kurkollegs mit Beiträgen zur Entstehungsgeschichte des Pairskollegs in Frankreich, Paderborn 1911; *ders.*, Kaiser- und Königsmacher, Hauptwähler und Kurfürsten, in: Hjb 55 (1935), 182 - 223; *Martin Lintzel*, Die Entstehung des Kurkollegs, in: ders., Ausgewählte Schriften, 2 Bde., Berlin 1961, hier Bd. 2, 431 - 463; *Winfried Becker*, Der Kurfürstenrat. Grundzüge seiner Entwicklung in der Reichsverfassung und seine Stellung auf dem Westfälischen Friedenskongreß, Münster 1973, vor allem 23 - 60; zu Brandenburg im besonderen *Johannes Schultze*, Die Mark Brandenburg, Bd. 1: Entstehung und Entwicklung unter den askanischen Markgrafen (bis 1319), Berlin 1961, bes. 63 ff., und *ders.*, Die Mark und das Reich, zuletzt in: *ders.*, Forschungen zur Brandenburgischen und Preußischen Geschichte (Veröffentlichungen der Historischen Kommission zu Berlin, 13), Berlin 1964, 70 - 103.

[3] Die Einzelbestimmungen in: Die Goldene Bulle Kaiser Karls IV. vom Jahre 1356, bearbeitet von *Wolfgang D. Fritz* (MGH, Fontes juris Germanici antiqui, XI), Weimar 1972, vor allem § VII und XX, 60 - 62 und 76 f. Vgl. darüber hinaus auch *Hermann von Caemmerer*, Die Testamente der Kurfürsten von Brandenburg und der beiden ersten Könige von Preußen, München - Leipzig 1915, Einleitung 8 - 27.

bunden, die seit dem Tode des Herzogs Johann Wilhelm von Jülich-Kleve in einem der verworrensten Nachlaßhändel des 17. Jahrhunderts zur Disposition standen und durch den Übertritt des Kurfürsten von Brandenburg zum Calvinismus schließlich für das Haus Hohenzollern reklamiert werden konnten. Neben die märkischen Kurlande traten also das Herzogtum Kleve an Rhein und Maas, die Grafschaft Mark an Ruhr und Lippe und die Grafschaft Ravensberg zwischen Ems und Weser. Nur wenige Jahre später – 1618 – fiel das Herzogtum Preußen durch Erbgang an die Kurlinie des Hauses, so daß neben einer Reihe von Reichsterritorien nun auch ein außerhalb der Reichsgrenzen gelegenes Territorium, ein Lehen der Krone Polens, zum Besitzstand der Hohenzollernmonarchie gehörte. Und schließlich wurde dem Hause Brandenburg im großen Revirement des Westfälischen Friedens als Entschädigung für das entgangene Erbe der Pommernherzöge das säkularisierte Erzbistum Magdeburg, die ehemaligen Bistümer Halberstadt und Minden und schließlich Hinterpommern zugesprochen. Der Markgraf von Brandenburg, Kurfürst des Reiches und seit 1701 auch souveräner König in Preußen, war also zugleich auch Herzog von Kleve, von Pommern und von Magdeburg, Graf von der Mark, von Ravensberg und Fürst von Minden und Halberstadt[4]. All das macht deutlich, daß die Hohenzollernmonarchie auch im 18. Jahrhundert noch ein durchaus dynastisches Gebilde darstellte und ihre flächenmäßige Ausdehnung wie ihre innere Geschlossenheit weniger dem Zusammengehörigkeitsbewußtsein ihrer Einwohner verdankte, sondern dem mehr oder weniger ausgeprägten Gestaltungswillen ihrer Herrscher. Die eigentliche Klammer der nach wie vor auf ihre angestammten Rechte und ehrwürdigen Gewohnheiten pochenden Landschaften und Regionen stellte immer noch die Krone dar. Sie schuf mit ihrem Anspruch auf territoriale Integrität und souveräne Unabhängigkeit das Band, das besonders die Territorialstaaten des Reiches bis weit ins 18. Jahrhundert hinein erst zu staats- und völkerrechtlich faßbaren Gebilden zusammenfaßte.

Einen ersten großen Schritt auf dem Wege zur Abrundung und inneren Konsolidierung des Gesamtstaates tat der Große Kurfürst, obwohl auch er noch einmal die Verfügung traf, das Gesamterbe des Hauses Brandenburg im Sinne einer altertümlich-patrimonialen Herrschaftsauffassung unter

---

[4] *Ludwig Tümpel,* Die Entstehung des brandenburgisch-preußischen Einheitsstaates im Zeitalter des Absolutismus (1609 - 1806) (Untersuchungen zur deutschen Staats- und Rechtsgeschichte, 124), ND Aalen 1965; *Francis L. Carsten,* Die Entstehung Preußens, Köln - Berlin 1968; Expansion und Integration. Zur Eingliederung neugewonnener Gebiete in den preußischen Staat, hrsg. von Peter Baumgart (Neue Forschungen zur Brandenburg-Preußischen Geschichte, 5), Köln - Berlin 1984 (vor allem die Beiträge von *Richard Dietrich, Ernst Opgenoorth, Hans Nordsiek* und *Peter Baumgart*); vgl. auch Ständetum und Staatsbildung in Brandenburg-Preußen, hrsg. von Peter Baumgart (Veröffentlichungen der Historischen Kommission zu Berlin, 55), Berlin - New York 1983.

seine Kinder zu teilen[5]. Im übrigen aber legte er seit den 50er Jahren des 17. Jahrhunderts die Fundamente für eine dann immer rascher voranschreitende Entwicklung, derzufolge die Mitsprachebefugnisse der Ständeversammlungen immer mehr eingeschränkt und zugleich eine Behördenorganisation geschaffen wurde, die die Aufstellung eines stehenden Heeres und eine grundlegende Reform des Finanz- und Steuerwesens ermöglichte. Alle diese Schritte dienten keinem Selbstzweck, sondern waren die Folge von leidvollen Erfahrungen, die der Große Kurfürst im letzten Jahrzehnt des 30jährigen Krieges, in den Auseinandersetzungen mit dem Hause Wasa um das Herzogtum Preußen und im Krieg Ludwigs XIV. mit den Generalstaaten der Niederlande gemacht hatte. Sie standen im Dienste von Bestrebungen, das Prinzip territorialer Unabhängigkeit nach innen und außen zur Geltung zu bringen und Sorge dafür zu tragen, daß dem Hause Brandenburg im System der europäischen Mächte eine eigenständige Entfaltungsmöglichkeit auf Dauer erhalten blieb[6].

Auch sein Thronfolger, Friedrich I., der im Jahre 1701 als König in Preußen den Aufstieg Brandenburgs in den Kreis der europäischen Königshäuser durchzusetzen vermochte, hat sich an diesem Ziel orientiert. Nur hielt er es für unerläßlich, sich entschiedener als seine Vorgänger an der höfischen Prachtentfaltung anderer Fürstenhäuser zu orientieren und alle Staatseinkünfte dafür zu verwenden, um den offenkundigen Rückstand des Hauses Brandenburg in der Selbstdarstellung seines Fürstenranges auszugleichen. So baute er seine Residenzen in großem Stile aus und führte nach dem Vorbild der konkurrierenden Dynastien eine glanzvolle Hofhaltung und Formen des barocken Majestäts- und Herrscherkultes ein, wie sie sich weder vorher noch nachher am preußischen Hof auszuprägen vermocht haben[7]. Auch trat er in der Attitüde eines fürstlichen Mäzenatentums in Erscheinung, das den Künsten und Wissenschaften zu außerordentlicher Blüte verhalf, aber zugleich auch monarchischer Selbststilisierung zu dienen hatte.

Von größerer Bedeutung für die eigentümliche Rolle, die Brandenburg-Preußen in der deutschen und europäischen Geschichte gespielt hat, ist freilich das Lebenswerk Friedrich Wilhelms I., des großen inneren Königs der preußischen Geschichte, gewesen. Was in der Zeitspanne von 1713 bis 1740 an Reformen in Preußen durchgeführt worden ist, muß als die persönliche

---

[5] *H. von Caemmerer,* Die Testamente der Kurfürsten von Brandenburg (Anm. 3), 236 - 262. Vgl. auch *Ernst Opgenoorth,* Friedrich Wilhelm. Der Große Kurfürst von Brandenburg, 2 Bde., Göttingen 1971/78, hier Bd. 2, 318f.

[6] *Gerhard Oestreich,* Friedrich Wilhelm der große Kurfürst (Persönlichkeit und Geschichte, 65), Göttingen 1971.

[7] *Johannes Kunisch,* Hofkultur und höfische Gesellschaft in Brandenburg-Preußen im Zeitalter des Absolutismus, in: Europäische Hofkultur im 16. und 17. Jahrhundert, hrsg. von August Buck u.a. (Wolfenbütteler Arbeiten zur Barockforschung, 10), 3 Bde., Hamburg 1981, hier Bd. 3, 735 - 744. Vgl. auch *Peter Baumgart,* Epochen der preußischen Monarchie im 18. Jahrhundert, in: ZHF 6 (1979), 287 - 316.

Leistung dieses Mannes bezeichnet werden, – eines Regenten, der sich mit beispielloser Energie, mit unerbittlicher Sparsamkeit und strenger Pflichterfüllung den Anforderungen seines königlichen Amtes unterworfen hat[8].

Es ist ein generelles Kennzeichen des absoluten Fürstenstaates, daß sein auf unumschränkte Machtbefugnisse gerichteter Herrschaftsanspruch, die Durchdringung von Staat und Gesellschaft und die Durchsetzung seiner außenpolitischen Machtprätentionen personelle und materielle Ressourcen erforderte, über die keine der europäischen Monarchien wirklich verfügte. Der Hof als gesellschaftspolitische Veranstaltung, das Heerwesen und eine allein dem Fürsten verpflichtete Bürokratie waren die Instrumente, mit deren Hilfe diese Ziele zu verwirklichen versucht wurden. Und in der Tat ist es dem Absolutismus besonders in Brandenburg-Preußen gelungen, auf allen diesen Gebieten staatlichen Handelns große Fortschritte zu erzielen[9]. Aber er war zugleich auch gezwungen, zur Bewältigung dieser Aufgaben eine hohe und in der Regel permanente Verschuldung in Kauf zu nehmen. Das bedeutete: Abhängigkeit von ausländischen Krediten oder Subsidien, von Bankiers oder Financiers, von Anleihen bei ständischen Institutionen und Kreditwerken, von Ämterschöpfungen oder der Auflage von Staatspapieren. Die Folge war immer ein eingeschränkter Aktionsradius – vor allem in außenpolitischer Hinsicht. Allein Preußen machte hier eine Ausnahme. Denn es war Friedrich Wilhelm I. mit dem Prinzip strikter Sparsamkeit, auf das er sich und seinen gesamten Staatsapparat verpflichtet hatte, gelungen, nicht nur die Schuldenlast, die er von seinem Vater übernommen hatte, zu tilgen und verpfändete Güter zurückzukaufen, sondern einen Staatsschatz anzulegen, der sich im Jahre 1740 auf beinahe 8 Millionen Taler belief und in Fässern gelagert in den Kellerräumen des Berliner Schlosses aufbewahrt wurde. Die Gesamtsumme der Einnahmen und Ausgaben des preußischen Staatshaushaltes betrug im Todesjahr Friedrich Wilhelms I. etwa 7 Millionen Taler. Davon wurden 5 Millionen für die Bedürfnisse des Militärs aufgewendet. Aus den übrigen Einnahmen bestritt der König nicht nur die Kosten für Hofhaltung und Staatsverwaltung, sondern auch die Rücklagen für den Staatsschatz[10]. Hier tritt also ein Element der Staatsbildung zutage, das einzigartig dasteht in der Staatenwelt des vorrevolutionären Europa. Es muß eingeschätzt werden als eine der beiden entscheidenden Voraussetzungen

---

[8] *Carl Hinrichs,* Friedrich Wilhelm I. König in Preußen, Bd. 1, ND Darmstadt 1974; *Gerhard Oestreich,* Friedrich Wilhelm I. Preußischer Absolutismus, Merkantilismus, Militarismus (Persönlichkeit und Geschichte, 96/97), Göttingen 1977.

[9] *Otto Hintze,* Der preußische Militär- und Beamtenstaat im 18. Jahrhundert, in: *ders.,* Regierung und Verwaltung. Gesammelte Abhandlungen zur Staats-, Rechts- und Sozialgeschichte Preußens, hrsg. von Gerhard Oestreich, 2. Aufl. Göttingen 1967, 419 - 428; *Hans Rosenberg,* Bureaucracy, Aristocracy, and Autocracy. The Prussian Experience 1660 - 1815, 3. Aufl. Cambridge/Mass. 1968.

[10] *Adolf Friedrich Riedel,* Der Brandenburgisch-Preußische Staatshaushalt in den beiden letzten Jahrhunderten, Berlin 1866; *Otto Hintze,* Die Hohenzollern und ihr Werk, Berlin 1915, 298f.

für jenen Vorsprung an politischer Mobilität, die den Thronfolger, Friedrich II., bei seinem Regierungsantritt im Jahre 1740 befähigte, den Aufstieg Preußens in den Kreis der europäischen Hegemonialmächte ins Werk zu setzen.

Neben der Ordnung der Finanzen widmete sich Friedrich Wilhelm I. mit Vehemenz dem Ausbau des Heerwesens[11]. Es ist schwer erkennbar, welche Absichten ihn dazu bewogen haben, den Kriegsstand der preußischen Armee um das Doppelte, von 40000 auf 80000 Mann, zu vergrößern, zumal er im Gegensatz zum Großen Kurfürsten vor jedem außenpolitischen Wagnis zurückschreckte und nach dem Prinzip seines Vaters gehandelt hat, um der Wohlfahrt seines Landes willen Friede und Ruhe zu halten und Krieg und Unruhe solange wie möglich von ihm fernzuhalten. Offenkundig ist zwar, daß er die Ohnmacht Preußens in den weltpolitischen Auseinandersetzungen des Spanischen Erbfolgekrieges und des Nordischen Krieges als persönliche Schmach und Zurücksetzung empfunden hat und demzufolge entschlossen war, sein Königreich aus dem Status einer Subsidiarmacht herauszuführen. Im übrigen aber erscheinen seine außenpolitischen Pläne von einem dynastischen Ehrgeiz und einem Machtkalkül geprägt zu sein, wie es im Konkurrenzkampf der rivalisierenden Höfe überall in Europa hervortritt. Zugleich aber besaß er ein ausgeprägtes Gespür dafür, daß die innere Konsolidierung des brandenburgisch-preußischen Staates nicht einfach um seiner selbst willen vorangetrieben werden sollte, sondern im Dienste eines durch Generationen hindurch sich vollziehenden Aufstiegs stand, in dessen unaufhaltsame Dynamik er auch den Thronfolger einzubeziehen hoffte. Kurfürst Friedrich Wilhelm, schrieb er 1722 in seinem „Politischen Testament“, hat das rechte Flor und Ansehen in unser Haus gebracht; mein Vater hat die königliche Würde erworben; ich habe das Land und die Armee instandgesetzt. „An euch, mein lieber Successor, ist es, was eure Vorfahren angefangen haben, zu soutenieren und jene Prätentionen und Länder herbeizuschaffen, die unserem Hause von Gott und rechtswegen zugehören. Betet zu Gott und fanget niemals einen ungerechten Krieg an. Aber wozu ihr ein Recht habt, da lasset nicht ab[12].“ Deshalb bat er den Kronprinzen, „die Armee wohl zu conservieren und sie mehr und mehr zu verstärken“. So werdet ihr, schrieb er, eine formidable Puissance sein für eure Feinde und in Europa die Balance halten können, wenn es von euch abhängt. Und wer die Balance halten kann, wird immer etwas dabei profitieren und respektabel sein für Freund und Feind[13].

---

[11] *Curt Jany,* Geschichte der Königlich preußischen Armee bis zum Jahre 1807, hier Bd. 1: Von den Anfängen bis 1740, Berlin 1928, 642ff.

[12] Instruktion König Friedrich Wilhelms I. für seinen Nachfolger (1722), in: Die politischen Testamente der Hohenzollern, bearbeitet von *Richard Dietrich* (Veröffentlichungen aus den Archiven Preußischer Kulturbesitz, 20), Köln - Wien 1986, 237f.; vgl. auch die Einleitung, ebd., 83 - 87.

[13] Ebd., 238.

Der Thronfolger, der große König, hat viele der Ratschläge, die ihm der Vater in seinem „Politischen Testament“ einzuschärfen versuchte, durchaus befolgt. Er hat die Armee, die ihm Friedrich Wilhelm I. hinterlassen hat, nicht nur konserviert, sondern noch einmal so sehr verstärkt, daß sie zu Beginn des Siebenjährigen Krieges einen Sollstand von 141 000 Mann hatte und unter den am Kriege beteiligten Mächten nur von der Armee des Kaiserhauses übertroffen wurde. Auch hat er trotz der vier Kriege, die er während seiner Regentschaft geführt hat, trotz der kostbaren Sammlungen, die er vor allem in Frankreich zusammentragen ließ, und trotz der Repräsentationsbauten, mit denen er in seinen Residenzen Berlin und Potsdam standesgemäß in Erscheinung zu treten wünschte, das Kunststück fertiggebracht, dem Thronfolger auch seinerseits einen Staatsschatz zu hinterlassen, und zwar in der beträchtlichen Höhe von 54 Millionen Talern. Auch hat er sich ganz im Sinne einer Machtsteigerung des Hauses Brandenburg, wie sie dem Vater vorgeschwebt hatte, mit Hingabe und Eifer an den inneren Ausbau des von den Vorfahren Erreichten gemacht und darüber hinaus seine Aufgabe darin gesehen, die Prätentionen und Länder herbeizuschaffen, auf die das Haus Brandenburg Ansprüche glaubte geltend machen zu können. Nur ein Prinzip ließ er außer acht, das für den Vater wie den Großvater noch absolut bindende Kraft gehabt hatte: den Grundsatz, keine ungerechten Kriege zu führen.

Als Friedrich Wilhelm I. seine väterliche Instruktion für den Thronfolger niederschrieb, war der Kronprinz erst zehn Jahre alt und konnte zu Befürchtungen hinsichtlich eines Machthungers, wie er dann nach wenigen Monaten seiner Regentschaft mit kaum gezügelter Vehemenz hervorbrechen sollte, noch keine Anhaltspunkte geliefert haben. Um so mehr überrascht die Hartnäckigkeit, mit der der König gerade auf diesem Punkt beharrte. Die Versuchung, sich nach den Prinzipien gewalttätiger Usurpation die „conjonctures favorables“ zunutze zu machen, war in den Staatenbeziehungen des ancien régime offenbar so weit verbreitet, daß es auch in einer Dynastie, deren machtpolitische Aspirationen sich bisher in engen Grenzen hielten, solcher Mahnungen bedurfte. „Point de paix, point de Prussien“, schrieb er; das ist das beste für euch und euer Land, für eure Wohlfahrt und Gloire[14]. Zwar unterstrich er, daß der Bogen hoch gespannt werden müsse; doch verband er mit diesem Grundsatz ehrgeiziger Selbstbehauptung wiederum die beschwörende Aufforderung, um Gottes Willen keinen ungerechten Krieg anzufangen. Seid kein Aggressor, schärfte er dem Kronprinzen ein; denn Gott hat die ungerechten Kriege verboten und fordert Rechenschaft für jeden, der durch solch einen Frevel zu Tode kommt. Leset die Historie; dann werdet ihr sehen, daß ungerechte Kriege niemals gut ausgegangen sind[15].

---

[14] Ebd.

[15] Ebd., 239.

Nun ist bekannt, daß Friedrich der Große von dieser Norm, die durch Generationen hindurch auch im Hause Brandenburg als unumstößliche Richtschnur in Geltung war, abgewichen ist und mit der gewaltsamen Annektierung des Herzogtums Schlesien wenige Monate nach seiner Thronbesteigung im Jahre 1740 einen Tatbestand geschaffen hat, der nicht nur von den Zeitgenossen, sondern auch der neueren Historiographie als eines der sensationellsten Verbrechen der neuzeitlichen Geschichte empfunden worden ist[16]. Aber auch, wenn man angesichts der auf den Grundsatz unbedingter Expansion verpflichteten Machtpolitik aller Fürstenstaaten des ancien régime ein Urteil wie das von Gooch für unangemessen hält und im Kontext eines aufs äußerste zugespitzten Konkurrenzkampfes der Mächte für einen milderen Spruch plädiert, so bleibt der Überfall auf Schlesien doch ein Gewaltakt, der die preußische Politik in eine Jahrzehnte dauernde Zerreißprobe geführt hat. Denn die eindeutig unrechtmäßige und im Handstreich erzwungene Eroberung Schlesiens stellte selbst im Rahmen dessen, was nach den Maßstäben absolutistischer Staatsräson noch hinnehmbar erschien, die Verletzung aller Spielregeln des Staatensystems dar[17]. Preußen blieb deshalb bis zum Beginn der 90er Jahre des 18. Jahrhunderts hinein von den Revisionsbestrebungen des Wiener Hofes bedroht und war zu ständiger Wachsamkeit und äußerster Anspannung aller dem Staate verfügbaren Ressourcen gezwungen.

Die später vorgebrachten Rechtsdeduktionen für diesen Zugriff waren ebenso fadenscheinig wie nebensächlich[18]. Sie dienten lediglich als Vorwand für eine Machtpolitik, die den Prinzipien territorialer Arrondierung und fortschreitender Vergrößerung verpflichtet war und nur darauf wartete, unter rücksichtsloser Ausnutzung der herrschenden Konjunkturen vollendete Tatsachen zu schaffen. Ein schlagkräftiges Heer, ein wohlgefüllter Staatsschatz, Ehrgeiz und der unbändige Wunsch, sich einen Namen zu machen, waren – wie sich der König selbst vernehmen ließ – die Motive seines Handelns[19]. Das Ultimatum, das er in Wien überreichen ließ und das

---

[16] Diese Einschätzung findet sich bei *George Peabody Gooch,* Friedrich der Große. Herrscher, Schriftsteller, Mensch (Fischer-Bücherei), Frankfurt/Main 1964, 21. Über die Bedeutung Schlesiens im Rahmen des Mächtesystems *Johannes Kunisch,* Das Mirakel des Hauses Brandenburg. Studien zum Verhältnis von Kabinettspolitik und Kriegführung im Zeitalter des Siebenjährigen Krieges, München - Wien 1978, 22 - 31, und *Th. Schieder,* Friedrich der Große (Anm. 1), 109 ff., 116 - 119, 127 - 146, 171 - 174 u.ö.

[17] *Th. Schieder,* Friedrich der Große (Anm. 1), 141 - 146. Vgl. zum Instrumentarium der Mächtepolitik des ancien régime *Johannes Kunisch,* Absolutismus. Europäische Geschichte vom Westfälischen Frieden bis zur Krise des Ancien Régime (UTB, 1426), Göttingen 1986, 157 - 171 (mit weiterführender Literatur).

[18] *Th. Schieder,* Friedrich der Große (Anm. 1), 143 f.

[19] Entsprechend äußerte sich der König etwa in einem Brief an seinen Jugendfreund Karl Stephan Jordan, abgedruckt in: Oeuvres de Frédéric le Grand, ed. *Johann David Erdmann Preuß,* 31 Bde., Berlin 1846 - 1857, hier Bd. 17 (1851), 90 f. Vgl. auch den Brief vom 23. Dezember 1740 an Voltaire, in: Briefwechsel Friedrichs des Großen

nach bewährtem Muster eine Garantieerklärung für das Kaiserhaus mit der Forderung nach Sanktionierung des Übergriffs verband, war selbst in der bedrohlichen Lage, in die er den Wiener Hof gebracht hatte, unannehmbar[20]. Er spekulierte vielmehr – wie sich erweisen sollte: zu Recht – auf die Wahrscheinlichkeit, daß sich nach der Besitzergreifung Schlesiens in einer Atmosphäre hochgespannter Rivalität auch andere Staaten an der Aufteilung der habsburgischen Erbschaft beteiligen würden. Er setzte auf das in der Hegemonialpolitik der großen Mächte vielfach angewandte Prinzip des „droit de possession", das die ebenfalls auf Expansion bedachten Konkurrenten in Zugzwang brachte und schließlich in einen großen internationalen Konflikt führen mußte[21]. Dabei glaubte er, ein kalkuliertes Risiko insofern einzugehen, als in der europäischen Mächtekonstellation des Jahres 1740 einer der beiden weltpolitischen Kontrahenten, England oder Frankreich, auf jeden Fall auf seine Seite treten mußte. Da sich beide Mächte überworfen haben, schrieb er in kühler Berechnung seines Handlungsspielraums, und England nicht tatenlos zusehen kann, wenn Frankreich sich im Reich engagiert, biete sich immer die Möglichkeit zu einem guten Bündnis[22]. Und in der Tat: im Juni 1741 trat Frankreich auf seine Seite, gefolgt von Bayern und Spanien. Aus dem schlesischen war ein europäischer Krieg geworden, der erst im Jahre 1748 beendet werden konnte. Hinzu trat die Überlegung, mit Schlesien eine Provinz zu erwerben, die nicht nur der Arrondierung seines Königreiches der Grenzen diente, sondern zugleich auch so beschaffen war, daß Preußen im Konzert der Mächte dann wirklich eine eigenständige Rolle zu spielen in der Lage war. Denn das Herzogtum war nicht nur eines der in Handel und Gewerbe am weitesten entwickelten Kronländer des Kaiserhauses, sondern stellte auch die geopolitische und strategische Schlüsselstellung zwischen den österreichischen Erbländern und der nordöstlichen Reichshälfte einerseits, dem Reich und den osteuropäischen Nachbarstaaten andererseits dar. Es bildete ein weites Glacis vor den böhmisch-mährischen Gebirgen, das sich bis an die Lebensadern Brandenburgs und Sachsens erstreckte und Berlin wie Dresden in unmittelbare Reichweite der österreichischen Waffen brachte[23].

Graf Kaunitz, der spätere Staatskanzler, hat 1749, also unmittelbar nach Abschluß des Aachener Friedens und der internationalen Anerkennung der

---

mit Voltaire, hrsg. von *Reinhard Koser* und *Hans Droysen*, Bd. 2 (Publikationen aus den Preußischen Staatsarchiven, 82), Leipzig 1909, 74f. Ferner *Th. Schieder*, Friedrich der Große (Anm. 1), 136f.

20 *Th. Schieder*, Friedrich der Große (Anm. 1), 142.

21 Vgl. ausführlicher *Johannes Kunisch*, Staatsverfassung und Mächtepolitik. Zur Genese von Staatenkonflikten im Zeitalter des Absolutismus (Historische Forschungen, 15), Berlin 1979, 62 - 80.

22 Politische Correspondenz Friedrichs des Großen, Bd. 1, Berlin 1879, 90f. Vgl. auch *Th. Schieder*, Friedrich der Große (Anm. 1), 142.

23 *J. Kunisch*, Das Mirakel des Hauses Brandenburg (Anm. 16), 29f.

Annektierung Schlesiens durch Preußen, den Versuch unternommen, sich und dem Kaiserhaus Rechenschaft darüber abzulegen, welche Veränderung der mächtepolitischen Konstellation sich aus dem durch Preußen aufgeworfenen Schlesienproblem ergab. Was den König betreffe, schrieb er in seiner grundlegenden und weit ausholenden Denkschrift, so verdiene dieser ohne Zweifel in die Kategorie der natürlichen Feinde – noch vor dem Osmanischen Reich – eingestuft und somit als der ärgste und gefährlichste Nachbar des Erzhauses betrachtet zu werden. Was die österreichische Monarchie durch den Verlust von Schlesien für einen ungemein großen Schaden erlitten habe, brauche er nicht zu unterstreichen. Aber selbst wenn der finanzielle Verlust verschmerzt werden könne, so sei mit Schlesien „nicht etwa ein auswärtiges Glied, sondern ein haupt-Theil des Cörpers abgerißen“ worden. Und überdies habe Schlesien einem Feind, der eine an Zahl überlegene, mit allem wohlversehene und disziplinierte Armee beständig auf den Beinen habe und zugleich das Geld „in den Coffres liegen hat“, um noch weitere Armeen aufzustellen und zu unterhalten, die Wege frei gemacht, „bey anderwärts entstehenden Unruhen, und wann Er es nur seinem Interesse gemäß findet, in das Hertz der Erb-Länder einzubrechen, und der gantzen Monarchie den letzten tödtlichen Streich beyzubringen“[24].

Nach der Annektierung Schlesiens kehrten sich also die strategischen Verhältnisse zwischen Österreich und Preußen um. Denn trotz der Barriere, die die Sudeten einem Angreifer aus Norden und Osten in den Weg legten, standen Böhmen, Mähren und die österreichischen Erbländer einschließlich ihrer Hauptstädte nun unter der ständigen Bedrohung eines preußischen Angriffs. Hinzu kam, daß mit Schlesien eine außerordentlich bevölkerungsreiche Provinz in den preußischen Staatsverband inkorporiert werden konnte, – ein Gebiet von mehr als 35 000 qkm Größe, das die Gesamteinwohnerzahl der Monarchie um etwa ein Drittel auf insgesamt 3,3 Millionen steigen ließ.

All das beleuchtet zugleich, daß die Annektierung Schlesiens neben dem Hegemonieanspruch des Hauses Habsburg auch das in den Friedenschlüssen von Utrecht (1713) und Nystad (1720) neu errichtete System der großen Mächte in Frage stellte. In langwierigen Verhandlungen war damals der Versuch gemacht worden, auf der Grundlage des Gleichgewichtsprinzips einen Interessenausgleich unter den kriegführenden Parteien herzustellen. Seitdem wachte man im Kreise der „puissances à intérêts généraux“ eifersüchtig darüber, daß Machtverschiebungen von größerem Ausmaß an die Zustimmung aller Beteiligten gebunden blieben. Deshalb bedeutete die

---

[24] Denkschrift des Grafen Kaunitz zur mächtepolitischen Konstellation nach dem Aachener Frieden von 1748, bearb. von *Reiner Pommerin* und *Lothar Schilling,* in: Expansion und Gleichgewicht. Studien zur europäischen Mächtepolitik des ancien régime, hrsg. von Johannes Kunisch (ZHF, Beiheft 2), Berlin 1986, 165 - 239, hier 205.

Eroberung Schlesiens auch im Rahmen des Staatensystems eine Irritation, die nicht ohne Folgen bleiben konnte[25].

Auch für die Biographie Friedrichs des Großen bedeutete die Annektierung Schlesiens eine entscheidende Zäsur. Sie war, schreibt Theodor Schieder, die „in jeder Hinsicht über sein Leben entscheidende Tat“[26]. In seiner „Histoire de mon temps“ äußerte der König zwar die Überzeugung, daß ein Fürst sich selbst und vor allem seinem Volke Respekt verschaffen müsse und Mäßigung eine Tugend sei, die ein Staatsmann in diesen verderbten Zeiten nicht immer walten lassen könne. Deshalb sei es beim Thronwechsel im Hause Habsburg nötiger gewesen, „Beweise von Entschlossenheit als von Sanftmut zu liefern“[27]. „Das war“, schrieb er rückblickend, „der Weg, sich Ruhm zu erwerben und die Macht des Staates zu vergrößern“[28]. Doch gestand er sich zugleich auch ein, daß mit „den großen Unternehmungen“, zu denen ihn so vieles gereizt habe, Tatsachen geschaffen worden waren, die die preußische Geschichte im allgemeinen und die des Königs im besonderen nicht nur geprägt, sondern auch mit schweren Hypotheken belastet haben. Sein Leben sei zu kurz, sagte er in später Einsicht in das ganze Ausmaß der mächtepolitischen Desorientierung, die sein Zugriff auf Schlesien nach sich zog, um die Kaiserin wieder in Sicherheit zu wiegen[29]. Von allen europäischen Mächten, schrieb er im „Politischen Testament“ von 1752, „haben wir Österreich am tiefsten gekränkt. Nie wird es den Verlust von Schlesien verschmerzen, nie vergessen, daß es nun sein Ansehen in Deutschland mit uns teilen muß. Seine jetzige Politik zielt darauf ab, die Armee zu reorganisieren, die Finanzen in Ordnung zu bringen und so lange Frieden zu halten, bis alle diese Vorkehrungen abgeschlossen sind“[30]. So müsse seine Politik nunmehr darauf gerichtet sein, „die Kabinette Europas daran zu gewöhnen, uns in der Stellung zu sehen, die uns dieser Krieg gegeben hat“; und er hoffte, „daß viel Mäßigung und viel Gleichmut gegenüber allen Nachbarn uns dahin führen wird“[31]. Doch blieb die außenpolitische Lage ungeachtet dieser Vorsätze auch weiterhin aufs höchste gespannt. Kaunitz jedenfalls unterstellte, der König werde in keinem Augenblick daran zweifeln, „daß Schlesien dem Durchlauchtigsten Erbhauß gantz ohnverschmertzlich falle“ und zu seiner Rückgewinnung keine Gelegenheit versäumt werde. Daraus

---

25 *J. Kunisch,* Das Mirakel des Hauses Brandenburg (Anm. 16), 37 - 41.

26 *Th. Schieder,* Friedrich der Große (Anm. 1), 127.

27 *Friedrich der Große,* Histoire de mon temps (in der Fassung von 1775), in: Oeuvres de Frédéric le Grand, Bd. 2 (1846), 53.

28 *Frédéric II,* Histoire de mon temps (in der Fassung von 1746), hrsg. von Max Posner (Publikationen aus den Preußischen Staatsarchiven, 4), Leipzig 1879, 214.

29 *Friedrich der Große,* Testament Politique (1752), in: Die politischen Testamente der Hohenzollern (Anm. 12), 346/348.

30 Ebd., 330/332.

31 Im einzelnen *Arnold Berney,* Friedrich der Große. Entwicklungsgeschichte eines Staatsmannes, Tübingen 1934, 229 ff.

folge von selbst, schrieb er in seiner Denkschrift von 1749, daß die preußische Politik zur Erhaltung ihrer Eroberung ständig darauf gerichtet sei, Österreich zu schwächen und an der Ausführung seiner Revisionsabsichten zu hindern. So werden, prophezeite er, beide Höfe auch in Zukunft „in der grösten Eifersucht und ohnversöhnlichen Feindschafft" miteinander fortleben[32].

Schon im Jahre 1740 sind deshalb die Weichen gestellt worden für den gesamten Lebensweg des Königs. Er hatte, wie er unmittelbar nach dem Einmarsch in Schlesien am 16. Dezember 1740 im stolzen Bewußtsein des Eroberers an seinen Minister Podewils schrieb, tatsächlich „den Rubikon überschritten"[33]. Dieses Wort, erwachsen aus der Euphorie eines heiß ersehnten Augenblicks, sollte seine Gültigkeit für die ganze Dauer seiner Regentschaft behalten. „Laß die Neider und Ignoranten nur reden!", notierte er drei Tage später in einem Brief an Jordan. „Sie werden niemals der Kompaß für meine Pläne sein, sondern nur der Ruhm[34]." In jenen Dezembertagen entschied sich das Schicksal König Friedrichs II. von Preußen; sie bestimmten seinen historischen Rang im positiven und negativen Sinn[35]. Denn der Preis für den aus preußischer Perspektive so naheliegend, ja notwendig erscheinenden Zugriff auf Schlesien war die unaufhörliche Sorge vor einem erneuten Waffengang, dessen Ziel nicht nur die Rückgewinnung einer annektierten Provinz sein konnte, sondern – wie der österreichische Staatskanzler Kaunitz formulierte – „la réduction de la Maison de Brandebourg à son état primitif de petite puissance très secondaire"[36]. Durch diese Eroberung, äußerte der König selbst in seinem Politischen Testament von 1752, „haben wir den Neid ganz Europas erregt und alle unsere Nachbarn aufgeschreckt"[37]. So folgte auf die beiden Schlesischen Kriege der vierziger Jahre und einen nur als Interim zu betrachtenden Friedensschluß der Siebenjährige Krieg, der ungeachtet seiner bis in die überseeischen Kolonialgebiete Englands und Frankreichs reichenden Perspektive ein Konflikt war, der in erster Linie um die Revision der Schlesienfrage zugunsten Österreichs und der russischen Hegemonialansprüche in Ostmitteleuropa geführt wurde.

---

32 Denkschrift des Grafen Kaunitz (Anm. 24), 205.

33 Abgedruckt in: Politische Correspondenz Friedrichs des Großen, Bd. 1, 147f.

34 Oeuvres de Frédéric le Grand (Anm. 19), 76.

35 *Th. Schieder,* Friedrich der Große (Anm. 1), 145.

36 Ansicht des Fürsten Kaunitz über die militärische und politische Lage Österreichs vom 7. September 1778, abgedruckt bei *Karl Otmar Freiherr von Aretin,* Heiliges Römisches Reich 1776 - 1806. Reichsverfassung und Staatssouveränität (Veröffentlichungen des Instituts für Europäische Geschichte, 38), 2 Bde., Wiesbaden 1967, hier Bd. 2, 2.

37 *Friedrich der Große,* Testament Politique (1752), in: Die politischen Testamente der Hohenzollern (Anm. 12), 346.

Im Kalkül der großen Allianz dieses dritten der Schlesischen Kriege lag es, Preußen durch die Abtrennung seiner Randgebiete und die Reduzierung seiner Armee so sehr zu schwächen, daß seine „Ruhehaltung" in Zukunft gewährleistet war. Der Endzweck des Krieges, heißt es in einer offiziösen Verlautbarung des Wiener Kabinetts, bestehe darin, Preußen um des allgemeinen europäischen Interesses willen in solche Mittelmäßigkeit zu versetzen, „daß es wieder ein Staat vom anderen Range und den übrigen weltlichen Kurfürsten gleich würde. Sonst müssen", heißt es weiter, „die Staaten in Europa vom ersten Range in beständiger Besorgnis schweben, in von Preußen zu erregende Kriege verwickelt zu werden [...][38]. Dadurch würde das Europäische und besonders teutsche System und Gleichgewicht der Gefahr noch weiterer Zerrüttung immer ausgesetzt verbleiben"[39]. Und damit der „preußischen übermächtigen Militär-Monarchie" nicht die Quelle gelassen werde, nach einer kurzen Erholungspause alsbald einen neuen Krieg anzufangen und „sich allein gegen die ersten Europäischen Mächte zu regen", müsse der Frieden von solcher Beschaffenheit sein, daß das Kurhaus Brandenburg „sich sobald nicht wieder in überlegene Kriegs-Verfassung" setzen könne, „also wohl auf Mittel zu denken wäre, wie eine baldige Wiederherstellung einer großen Kriegsmacht könnte erschweret werden"[40]. Der König selbst galt aus dieser Perspektive längst als „heros monstrueux", der „aus Länder- und Ruhmsucht [und] um den Namen eines großen außerordentlichen Heldens und Eroberers davon zu tragen", zu ständiger Besorgnis Anlaß gab. Man verwies dabei auf den Völkerrechtslehrer Emer de Vattel und leitete aus seinem Verdikt über die Unruhestifter, „die grausamen Feinde aller Menschen", das Recht zum Zusammenschluß der Gutwilligen her, um einen solchen Fürsten „niederzuwerfen, zu strafen und ihm eine Macht zu entreißen, die er mißbraucht hat"[41].

Wie immer solche polemisch zugespitzten und ja durchaus nicht uneigennützigen Argumente im einzelnen auch zu bewerten sein mögen: sie machen selbst in einer auf das Wesentliche beschränkten Auswahl deutlich, daß der König im Falle eines neuen Waffengangs mit einer Kriegsentschlossenheit seiner Gegner zu rechnen hatte, die nicht nur der Zurückgewinnung eines annektierten Landstrichs galt, sondern den Staat mit seiner „militärischen

---

[38] Staats-Betrachtungen über gegenwärtigen Preußischen Krieg in Teutschland ..., als Anhang abgedruckt bei *J. Kunisch,* Das Mirakel des Hauses Brandenburg (Anm. 16), 126. Zur Frage des Verfassers jetzt *Harm Klueting,* Die Lehre von der Macht der Staaten. Das außenpolitische Machtproblem in der „politischen Wissenschaft" und in der praktischen Politik des 18. Jahrhunderts (Historische Forschungen, 29), Berlin 1986, 274 - 283.

[39] Staats-Betrachtungen über gegenwärtigen Preußischen Krieg (Anm. 38), 127.

[40] Ebd., 125 u. 135.

[41] Ebd., 117. Der Hinweis auf *Emer de Vattel* bezieht sich auf dessen Hauptwerk: Le droit des gens ou principes de la loi naturelle. Dt. Übersetzung von *Wilhelm Euler* (Die Klassiker des Völkerrechts, 3), Tübingen 1959, 525.

Regierungs-Verfassung" und den „kriegerischen, zur Ruhe nicht fähigen Gemüths-Neigungen" seines Königs im Kern zu treffen beabsichtigte. Er mußte darauf gefaßt sein, daß ihm als „Friedens- und Ruhe-Störer" nicht nur ein hinzuerworbenes Territorium, sondern der Gesamtbestand der Monarchie streitig gemacht würde[42].

Neben dem unmittelbar betroffenen Kaiserhaus war es vor allem Rußland, das sich durch die Machtverschiebungen infolge des preußischen Zugriffs auf Schlesien in seinem hegemonialen Selbstverständnis irritiert und beeinträchtigt sah. Schon 1746 kam deshalb zwischen den beiden osteuropäischen Flügelmächten eine bis in die Schlußphase des Siebenjährigen Krieges fortbestehende Allianz mit antipreußischer Orientierung zustande, deren erdrückender Übermacht der König dann tatsächlich zu unterliegen drohte[43]. Bestužev, russischer Großkanzler und bis zum Beginn des Siebenjährigen Krieges maßgeblicher Minister im Kabinett der Zarin, hatte den Aufstieg Preußens solange nicht als Gefahr für die russische Einflußsphäre in Ostmitteleuropa betrachtet, wie er glauben konnte, den König im Interesse des Petersburger Machtanspruchs lenken zu können. Im Verlauf des zweiten Schlesischen Krieges jedoch stellte sich heraus, daß Preußen endgültig den Status mächtepolitischer Abhängigkeit verlassen hatte. Seitdem empfand Bestužev die Existenz dieses Rivalen als eine lästige und so schnell wie möglich aus der Welt zu schaffende Beeinträchtigung der russischen Hegemonialpolitik in Ostmitteleuropa. Aus diesem, durch persönliche Affekte noch gesteigerten Konkurrenzdenken gelangte er zu dem Entschluß, den sich anbahnenden Interessenkonflikt mit dem König nicht nur mit diplomatischen Mitteln einzugrenzen, sondern im Handstreich zu seinen Gunsten zu entscheiden[44]. Es bedurfte am Ende sogar des mäßigenden Eingriffs der Wiener Hofburg, um Rußland an Schritten zu hindern, die dem

---

[42] Staats-Betrachtungen über gegenwärtigen Preußischen Krieg (Anm. 38), 126 und 116f. Zum Geamtzusammenhang: *J. Kunisch,* Das Mirakel des Hauses Brandenburg (Anm. 16), 17 - 43.

[43] Vgl. im einzelnen *Walther Mediger,* Moskaus Weg nach Europa. Der Aufstieg Rußlands zum europäischen Machtstaat im Zeitalter Friedrichs des Großen, Braunschweig 1952; *ders.,* Friedrich der Große und Rußland, in: Friedrich der Große in seiner Zeit, hrsg. von Oswald Hauser (Neue Forschungen zur Brandenburg-Preußischen Geschichte, 8), Köln - Wien 1987, 109 - 136; *Herbert H. Kaplan,* Russia and the Outbreak of the Seven Years' War, Berkeley - Los Angeles 1968; *Michael G. Müller,* Rußland und der Siebenjährige Krieg. Beitrag zu einer Kontroverse, in: JbfGOE NF 28 (1980), 198 - 219; *Aristide Fenster,* Rußland im System der europäischen Mächte, in: Handbuch der Geschichte Rußlands, Bd. 2: Vom Randstaat zur Hegemonialmacht, hrsg. von Klaus Zernack, Lieferung 5, Stuttgart 1984, 349 - 362; *Michael G. Müller,* Das Petrinische Erbe. Russische Großmachtpolitik bis 1762, ebd. Lieferung 6, Stuttgart 1985, 402 - 444; *Reiner Pommerin,* Bündnispolitik und Mächtesystem. Österreich und der Aufstieg Rußlands im 18. Jahrhundert, in: Expansion und Gleichgewicht. Studien zur europäischen Mächtepolitik des ancien régime, hrsg. von Johannes Kunisch (ZHF, Beiheft 2), Berlin 1986, 113 - 164.

[44] Die Einzelheiten bei *W. Mediger,* Moskaus Weg nach Europa (Anm. 43), 257f. u.ö.

von Kaunitz mit größter Behutsamkeit eingefädelten „renversement des alliances" von 1756 nur hätten schaden können[45].

So entbrannte schließlich ein Krieg, der nach Auffassung des dänischen Ministers Johann Hartwig Graf Bernstorff „nicht um ein mittelmäßiges oder vorübergehendes Interesse" geführt wurde, „nicht um ein paar Waffenplätze oder kleine Provinzen mehr oder weniger, sondern um Sein oder Nichtsein der neuen Monarchie, die der König von Preußen mit einer Kunst und einer Schlagfertigkeit in die Höhe gebracht hat, welche die eine Hälfte von Europa überrascht und die andere getäuscht hat. Der Krieg ist entbrannt, um zu entscheiden, ob diese neue Monarchie, zusammengesetzt aus verschiedenen Bestandteilen, noch ohne die ganze für sie notwendige Festigkeit und Ausdehnung, aber ganz und gar militärisch und mit der ganzen Begehrlichkeit eines jugendlichen, mageren Körpers, bestehen bleiben wird; ob das Reich zwei Häupter haben und der Norden Deutschlands einen Fürsten behalten soll, der aus seinen Staaten ein Heerlager und aus seinem Volk eine Armee gemacht hat und der, sofern man ihm Muße läßt, seine Staatsgründung abzurunden und zu befestigen, als Schiedsrichter der großen europäischen Angelegenheiten dastehen und für das Gleichgewicht unter den Mächten den Ausschlag geben wird"[46].

Auch an dieser glänzenden Analyse eines in den Staatenbeziehungen erfahrenen Mannes – eines Zeitgenossen wohlgemerkt – wird noch einmal deutlich, daß der Kampf gegen den König von Preußen im Rahmen dessen, was im ancien régime an militärischen Energien freigesetzt werden konnte, unter dem Gesetz der äußersten Gegensätze gestanden hat. Gewiß sind auf Seiten der neben Österreich und Rußland auch Frankreich, Schweden und das Reich umfassenden Koalition, die Friedrich dem Großen im Siebenjährigen Krieg gegenüberstand, schwerwiegende Fehler begangen worden. „Wieviele günstige Gelegenheiten", urteilte selbst der König über seine Gegner, „haben sie ungenutzt verstreichen lassen, wieviele gute Gelegenheiten verpaßt![47]" Nur so ist ja letztlich auch erklärlich, wie es überhaupt zu dem „Mirakel des Hauses Brandenburg" hat kommen können. Doch müssen Kriegspolitik und Kriegführung der Alliierten gleichwohl als ein Verfahren

---

[45] *Adolf Beer,* Die österreichische Politik in den Jahren 1755 und 1756, in: HZ 27 (1872), 282 - 375; *Alfred von Arneth,* Geschichte Maria Theresias, Bd. 4: Maria Theresia nach dem Erbfolgekrieg, 1748 - 1756, Wien 1870, 459 - 461; Bd. 5: Maria Theresia und der siebenjährige Krieg, 1756 - 1763, Wien 1875, 46f.; *Arnold Schaefer,* Der Ursprung des siebenjährigen Krieges nach den Acten des österreichischen Staatsarchivs, in: *ders.,* Historische Aufsätze und Festreden, Leipzig 1873, 191 - 242.

[46] Correspondance entre le Comte Johann Hartwig Ernst Bernstorff et le Duc de Choiseul (1758 - 1766), publ. par *Poul Vedel,* Kopenhagen 1871, 112f.; die deutsche Übersetzung bei *Reinhold Koser,* Geschichte Friedrichs des Großen, Bd. 3, ND Darmstadt 1963, 161.

[47] *Friedrich der Große,* Réflexions sur la tactique et sur quelques parties de la guerre ..., in: Oeuvres de Frédéric le Grand, Bd. 28 (1856), 165.

eingeschätzt werden, das unter den Bedingungen eines Koalitionskriegs das Äußerste an Schlagkraft und Energie zuwege brachte. Im Siebenjährigen Krieg waren „der Stoß der Interessen“ und „das Prinzip der Feindschaft“ keineswegs so schwach ausgeprägt, wie dies Clausewitz sonst für das Zeitalter der Kabinettskriege anzunehmen geneigt ist[48]. Vielmehr wurde in diesem Krieg unter den Hauptkontrahenten im Geiste äußerster Feindseligkeit und unter Aufbietung aller verfügbaren Kräfte gerungen. Wie stark dabei nicht nur religiös und weltanschaulich bedingte Gegensätze, sondern auch persönliche Antipathien eine Rolle spielten, ist besonders von Kaiserin Maria Theresia überliefert. „Sie können sich darauf verlassen“, schrieb sie im Dezember 1758 während der Besetzung Dresdens durch preußische Truppen an die Kurfürstin Maria Antonia, „daß ich wütend bin auf dieses Ungeheuer und daß ich jedes erdenkliche Mittel und den letzten verfügbaren Mann dazu verwenden werde, Sie aus dieser Sklaverei zu befreien. Der liebe Gott wird doch schließlich Mitleid mit uns haben und dieses Monstrum vernichten“[49].

Dazu ist es nun bekanntlich nicht gekommen, obwohl das mächtepolitische Szenarium, wie es sich zu Beginn des Siebenjährigen Krieges darstellte, die Sache des Königs als wenig aussichtsreich erscheinen ließ und statt des ungeschmälerten Fortbestandes der Monarchie eher die „déstruction totale de la Prusse“ wahrscheinlich machte[50]. Was sind die Gründe für dieses Mirakel, für dieses erneute „renversement“, das sich dem König selbst der rationalen Durchdringung zu entziehen schien? Wie kann heute – nach über zweihundert Jahren – erklärt werden, was sich schon den Zeitgenossen und unmittelbar Betroffenen als rätselhaft darstellte? Ist nicht selbst die nach Methoden der Quellenkritik und der Anhörung aller Beteiligten verfahrende Geschichtswissenschaft überfordert, auf diese Frage eine Antwort zu geben?

Zunächst muß festgehalten werden, daß es hier um einen Sachverhalt von außerordentlicher Vielschichtigkeit geht. Er dürfte mit einigen Stichworten nicht zu entschlüsseln sein. Aber selbst wenn hier darauf verzichtet werden muß, alle Einzelfaktoren, die für den Ausgang dieses Kräftemessens von Bedeutung gewesen sind, anzuführen und zu erörtern, soll doch der Versuch unternommen werden, unter einem der zentralen Aspekte des Mirakels

---

[48] *Carl von Clausewitz,* Vom Kriege, 18. Aufl., hrsg. von Werner Hahlweg, Bonn 1973, 409.

[49] Brief vom 21. Dezember 1758, abgedruckt in: *Woldemar Lippert* (Hrsg.), Kaiserin Maria Theresia und Kurfürstin Maria Antonia von Sachsen. Briefwechsel 1747 - 1772 (Schriften der Kgl. sächsischen Kommission für Geschichte, 14), Leipzig 1908, 34f.

[50] Diese Umschreibung des Kriegsziels der Alliierten findet sich vor allem in den Korrespondenzen, die über die Bündnisverhandlungen mit Frankreich geführt wurden; vgl. im einzelnen: Preußische und Österreichische Acten zur Vorgeschichte des Siebenjährigen Krieges, hrsg. von *Gustav Berthold Volz* und *Georg Küntzel* (Publikationen aus den Preußischen Staatsarchiven, 74), ND Osnabrück 1965, etwa 248 und 257.

einer Lösung des Problems näher zu kommen. Es ist die Frage, welche Bedeutung dem König für den ungeschmälerten Fortbestand des preußischen Staates zuzumessen ist.

Es ist offenkundig, daß es das Temperament des Königs, seine Ruhmbegierde und sein Machtkalkül gewesen sind, die den preußischen Staat aus dem Range einer Mittelmacht an der Peripherie des europäischen Staatensystems in den Mittelpunkt der mächtepolitischen Verwicklungen auf dem Kontinent gerückt haben. Die ungeheueren Impulse, die Mobilisierung aller geistigen und materiellen Ressourcen in Staat und Gesellschaft, aber auch die Leiden und Entbehrungen der Bevölkerung infolge des fortwährenden Kriegführens sind ganz unmittelbar mit dem Entschluß verknüpft, sich mit dem hergebrachten Status seines Königreichs nicht mehr abzufinden und im Konzert der Mächte eine eigenständige Rolle zu spielen. Aber von entscheidender Bedeutung für die Einschätzung des Königs ist nun, daß er nicht nur der Initiator dieses Vabanquespiels gewesen ist. Vielmehr muß ihm zugute gehalten werden, daß auch das Standhalten, die Wahrung des mit der Erwerbung Schlesiens verbundenen Ranges im Kreise der Hegemonialmächte, ohne das ganze Gewicht seiner Persönlichkeit nicht erklärt werden kann. Denn nicht nur durch die Dimensionen seines Machtkalküls, sondern nicht weniger auch durch die Unerbittlichkeit seines Selbstbehauptungswillens ist er weit über das hinausgewachsen, was als das typische Erscheinungsbild eines Monarchen seiner Zeit zu gelten hat. Besonders als Heerführer, als wahrhafter „Roi connétable“, hat er sich bewährt und in vier zermürbenden Kriegen den mehrfach drohenden Untergang seines Königreichs abzuwenden vermocht. Gerade in dieser Rolle hat er ein eigenes, sich immer schärfer ausprägendes Profil gewonnen, zumal es im 18. Jahrhundert keineswegs mehr selbstverständlich war, daß ein Souverän tatsächlich und nicht nur formal den Oberbefehl über seine Truppen führte[51].

Die außerordentliche Angespanntheit der politischen Lage, in die sich der König durch die Annektierung Schlesiens hineinmanövriert hatte, erforderte eine Entschlossenheit der Kriegführung, wie sie sonst im ancien régime nicht üblich war. Sein unbeirrbares Streben, Preußen in den Kreis der großen Mächte hineinzuführen, mußte zwangsläufig ein strategisches Konzept zur Folge haben, das sich von dem der anderen Mächte des europäischen Staatensystems in wesentlichen Punkten unterschied. Dabei profitierte er von einer Reihe struktureller Vorteile, die mit seinem Status als kriegführender Souverän verknüpft waren[52]. So stellte der zeitweise als

[51] *Th. Schieder,* Friedrich der Große (Anm. 1), 341 - 364, und *Johannes Kunisch,* Friedrich der Große als Feldherr, in: Friedrich der Große in seiner Zeit, hrsg. von Oswald Hauser (Neue Forschungen zur Brandenburg-Preußischen Geschichte, 8), Köln - Wien 1987, 193 - 212.

[52] Vgl. hierzu und im folgenden *Johannes Kunisch,* Die große Allianz der Gegner Preußens im Siebenjährigen Krieg, in: Europa im Zeitalter Friedrichs des Großen –

Prinzenerzieher am preußischen Hof tätige Jakob Friedrich von Bielfeld in seinen „Institutions politiques“ fest, daß ein Monarch in seinen Unternehmungen sowohl in Kriegs- wie in Friedenszeiten im Unterschied zu einem republikanisch verfaßten Staatswesen generell befähigt sei, „ins Große zu gehen“. Ein kriegerisch gesinnter König könne darüber hinaus bewirken, daß die Truppen „mit mehr Ehrliebe und Tapferkeit“ fechten als unter einem Feldherrn, „der ein Unterthan ist wie der geringste Soldat“[53].

Auch der österreichische Feldmarschall Daun, einer der Hauptkontrahenten Friedrichs des Großen im Siebenjährigen Krieg, wies in einem Handschreiben an Kaiserin Maria Theresia darauf hin, daß sich der König von Preußen bei seinen Manövern im Vorteil befinde, weil er zugleich Souverän und kommandierender General sei und sich mit keiner Widerrede aufzuhalten habe. Deshalb müsse er, bemerkte Daun in einer die taktischen Konsequenzen abwägenden Schlußfolgerung, in erster Linie durch einen Feldzug zu überwinden gesucht werden, indem er an der Verwirklichung seiner Ziele gehindert wird und sich dabei mehr als in einer Schlacht durch unterschiedliche Manöver schwächt[54]. Auch in den „Staats-Betrachtungen über den gegenwärtigen Preußischen Krieg in Teutschland“, einer offiziösen Verlautbarung des Wiener Kabinetts aus dem Jahre 1761, wird auf den gravierenden Unterschied der Kriegsgegner hingewiesen. Das Gleichgewicht unter den europäischen Staaten, heißt es dort, hänge nicht allein von der äußeren Stärke der Mächte ab, „sondern zugleich von dem inneren Geist eines regierenden mächtigen Fürsten“, seinen „Leidenschaften und Talenten“. Denn „ein zum Krieg gleichsam geborenes und durch viele Erfahrungen ausgearbeitetes Talent weiß im Kriegführen mehr auszurichten und mehr Vorteil aus einem jeden ihm günstigen Vorfall zu ziehen, als ein Ruhe und Friede liebender Fürst, der nicht mit gleichen Talenten zum Kriegführen begabet, wenn er auch von gleicher Macht wäre. Neben den Leidenschaften und Talenten zum Kriegführen ist auch ein großer Vorteil [...], wenn ein kriegender Fürst, der Eyfer und Talent zum Kriegführen besitzet, selbst zu Felde lieget und obrister Befehlshaber ist. Der König von Preußen nun besitzet außer der Herrsch- und Ländersucht auch eine große Passion und vieles Talent zum Kriegführen“. Und er „führet nun nicht allein seinen eigenen Krieg gegen Österreich, Rußland und das Reich par lui même, sondern er

---

Wirtschaft, Gesellschaft, Kriege, hrsg. von Bernhard R. Kroener, München - Wien 1988.

[53] *[Jakob Friedrich von Bielfeld]*, Des Freiherrn von Bielfeld Lehrbegriff der Staatskunst, 3 Teile, 3., nach der neuesten französischen durchgesehene, vermehrte und verbesserte Ausgabe, Breslau - Leipzig 1775, hier Bd. 1, 49 f.

[54] Brief vom 5. August 1758, zitiert bei *J. Kunisch,* Das Mirakel des Hauses Brandenburg (Anm. 16), 77. Vgl. auch *Johann Christoph Frhr. von Allmayer-Beck,* Die fridericianische Armee im Spiegel ihrer österreichischen Gegner, in: Friedrich der Große in seiner Zeit, hrsg. von Oswald Hauser (Neue Forschungen zur Brandenburg-Preußischen Geschichte, 8), Köln - Wien 1987, 237 - 254.

dirigiert auch den Hannöverschen Krieg auf Engelländische Kosten gegen Frankreich und Teutschland mit Genehmhaltung des Königs von Engeland ganz alleine". Und weil er selbst kommandiere, heißt es weiter, und niemandem für seine Maßnahmen Rechenschaft schuldig sei, könne er „kühnere, verwegenere und gefährlichere Unternehmungen, so aufs Glück ankommen, wagen, die ein commandierender General, der mit von Cabinets-Befehlen abhanget, ohne Verantwortung, wenn der Ausschlag unglücklich und zu viel gewagt hieße, sich nicht trauen darf"[55]. In dem Umstand also, daß die beiden miteinander verbündeten Kaiserinnen, Maria Theresia und Elisabeth von Rußland, nicht anders als aus dem Kabinett Krieg führen können, bestehe der außerordentliche Vorteil der preußischen Waffen.

Ähnlich urteilt auch Georg Friedrich von Tempelhoff – ein Offizier und Schriftsteller, der selbst am Siebenjährigen Krieg teilgenommen hat. Auch der größte General, schrieb er, könne und dürfe nicht wagen, „was ein König unternehmen kann, der sich an der Spitze seiner Truppen befindet. Dieser darf in keiner Lage, sie sei so kritisch wie sie wolle, auf Verhaltensbefehle warten, darf keinen Unterfeldherrn zu Rat ziehen und kann gleich den entscheidenden Augenblick ergreifen". Niemand beneide ihn und dürfe ihn zur Verantwortung ziehen. „Ein jeder beeifert sich vielmehr, seine Befehle mit Anstrengung aller seiner Kräfte zu vollstrecken, weil er seinen Herrn entweder zum unmittelbaren Zeugen seines Verhaltens hat oder doch zu haben glaubt [...] und er auf der Stelle Belohnung und Strafe zu erwarten hat. Besitzt der Fürst überdies die Eigenschaften eines vollkommenen Heerführers und großen Mannes, so läßt sich im militärischen Fach fast nichts Großes, Erhabenes und Außerordentliches denken, was er nicht mit der Hoffnung eines glücklichen Erfolges unternehmen könnte[56]." Auch die Zeitgenossen erfaßten demzufolge sehr genau die unterschiedlichen Bedingungen, unter denen auf beiden Seiten Krieg geführt wurde. So unterstrich man immer wieder, daß die Oberbefehlshaber der verbündeten Armeen auf die Einhaltung von Kabinettsordres verpflichtet waren und im Vergleich zu den Planungen des Königs nur Maßnahmen ergreifen durften, deren Risiko absolut berechenbar erschien. Sie waren Feldherrn, sagt Clausewitz, „die im Auftrag handelten, und deswegen Männer, in welchen die Behutsamkeit ein vorherrschender Charakterzug war"[57].

Neben der abweichend bemessenen Befehlskompetenz fiel noch ein weiterer Unterschied zwischen den Oberkommandierenden der Alliierten und ihrem preußischen Kontrahenten ins Gewicht. Denn der König war nicht

---

[55] Staats-Betrachtungen über gegenwärtigen Preußischen Krieg (Anm. 38), 115.

[56] *Georg Friedrich von Tempelhoff,* Geschichte des siebenjährigen Krieges in Deutschland zwischen dem Könige von Preußen und der Kaiserin Königin mit ihren Alliierten, 6 Bände, Berlin 1783 - 1794, hier Bd. 4 (1789), 168.

[57] *C. von Clausewitz,* Vom Kriege (Anm. 48), 959.

nur Souverän und Feldherr in einer Person, sondern zugleich auch derjenige, dem die politische Tragweite seiner Entscheidungen immer vor Augen stand. Er war sich der Schwäche und Grenzen seiner Machtposition von Anfang an bewußt und verhehlte sich nicht, daß er angesichts der begrenzten Ressourcen, die ihm zur Verfügung standen, die Ermattung noch weniger als die Niederwerfung aller seiner Gegner erreichen konnte[58]. Deshalb glaubte er, nach dem Grundsatz handeln zu müssen, alles auf eine Karte zu setzen und schnelle Entscheidungen herbeizuführen. Denn er hoffte, die Verbündeten in großen Schlachten dergestalt einzuschüchtern, daß sie von ihren Kriegszielen abließen und schließlich in einen den Status quo ante bestätigenden Frieden einzuwilligen bereit waren[59].

In der Tat ist es ihm gelungen, „eine gewisse moralische Herrschaft über seine Gegner“[60] zu erringen und sie durch die zupackende Entschlossenheit seiner ersten Feldzüge dahin zu bringen, daß sie nach den ersten entmutigenden Erfahrungen „einen politischen Offensivkrieg – widersinnig genug – andauernd in der taktischen Defensive führten“[61]. Insofern gelangte er – gewissermaßen notgedrungen – zu einer Bevorzugung des Schlachtprinzips und setzte sich damit in Widerspruch zu den strategischen Anschauungen seiner Zeit, die das Mittel der Schlacht lediglich als ein Verlegenheitsinstrument gelten ließ. Er befolgte, heißt es in Tempelhoffs „Geschichte des siebenjährigen Krieges“, „zuweilen Grundsätze, die neu, kühn und über den Gesichtskreis seiner Vorgänger in der Kriegskunst waren. Wenige Menschen haben das Herz, eine neue Bahn zu betreten, weil dies eigenes Denken, mannichfaltige Verbindungen und eine große Entschlossenheit erfordert, geheiligten Vorurtheilen Trotz zu bieten. Der König hingegen wählte nicht selten ungebahnte Wege und schuf sich neue Systeme, weil sein philosophischer und im Denken geübter Geist dabei öfter Gelegenheit fand, seine Geisteskräfte in ihrer völligen Stärke wirken zu lassen. Verirrte er sich auch zuweilen und kam nicht zu dem Ziel, das er sich vorgesetzt hatte: so hielt doch die Art, wie er sich aus den Irrwegen herauswickelte, seine Gegner ab, aus seinen Fehlern alle die Vortheile zu ziehen, die sie daraus ziehen konnten und daraus gezogen haben würden, wenn er nicht das gewesen wäre, was er war“[62].

So gelang es ihm, sich am Ende gegen alle seine Widersacher zu behaupten und die Arrondierung seines Staates, die er mit der Besitzergreifung von Schlesien zu erreichen versucht hatte, endgültig sicherzustellen. Er ist über

---

58 *Frédéric II,* Histoire de mon temps (Redaktion von 1746) (Anm. 27), 302.

59 *R. Koser,* Geschichte Friedrichs des Großen (Anm. 46), Bd. 2, 280 - 314, und *ders.,* Die preußische Kriegführung im Siebenjährigen Kriege, in: HZ 92 (1904), 239 - 273, hier 243.

60 *G. F. von Tempelhoff,* Geschichte des siebenjährigen Krieges (Anm. 56), 170.

61 *R. Koser,* Geschichte Friedrichs des Großen (Anm. 46), Bd. 3, 163.

62 *G. F. von Tempelhoff,* Geschichte des siebenjährigen Krieges (Anm. 56), 169f.

den hemmungslosen, durchaus persönlich motivierten Expansionsdrang seiner ersten Regierungsjahre hinaus in eine Herrschaftsauffassung hineingewachsen, die sich hingebungsvoll und uneigennützig an den Erfordernissen seines immer angefochten bleibenden Staates orientierte und keine Abweichungen mehr von einem durch Staatsvernunft und Mäßigung vorgezeichneten Weg zuließ. Je mehr ihm zu Bewußtsein kam, welche weitreichenden, innen- wie außenpolitischen Konsequenzen mit dem Zugriff auf Schlesien verbunden waren, desto entschiedener ergriff er sein Herrscheramt als eine Aufgabe, die ihm harte Pflichten und ein hohes Maß an Selbstentäußerung auferlegte. Sie konnte nicht mehr der Ruhmbegierde eines einzelnen, sondern nur noch der Bewahrung des mühsam Erreichten gelten. Zwar nahm Friedrich im Bewußtsein ungeschmälerter Omnipotenz nach wie vor für sich in Anspruch, allein und ohne Mitsprache von irgendeiner Seite darüber zu befinden, was dem Staatszweck im allgemeinen und der Wohlfahrt des Landes im konkreten gemäß sei. Aber anders als die Repräsentanten des klassischen Absolutismus ließ er sich nach der Weichenstellung von 1740 in Dienst nehmen von Prinzipien, die ihn auf den Weg einer nüchternen und kalkulierbaren Politik führten. „Ehre“, schreibt Theodor Schieder, „verstand Friedrich der Große wohl in erster Linie als Standesethos des Fürsten, er verschmolz diesen aber mit dem Staatswohl und tat damit einen für die Geschichte des politischen Denkens wichtigen Schritt“. Denn „das Ich des Königs“ wurde nun nicht mehr einfach mit dem Staat identifiziert, wie es dem Zeitalter Ludwigs XIV. entsprochen hatte, „sondern es wurde herausgefordert, im Falle der Not alle Entbehrungen auf sich zu nehmen, um den Staat aus seiner Existenzbedrohung zu retten“[63].

Lassen Sie mich zum Schluß auf jene berühmt gewordene Sentenz zu sprechen kommen, die Jacob Burckhardt in seinem Essay über „Das Individuum und das Allgemeine“ hinsichtlich dessen, was als „historische Größe“ bezeichnet werden kann, über das Moment der Seelenstärke gesagt hat. Sie allein vermag es, schreibt er, „im Sturme zu fahren“. Sie stelle nicht nur die passive Seite der Willenskraft dar, sondern sei etwas von ihr ganz Verschiedenes. Denn: „Schicksale von Völkern und Staaten, Richtungen von ganzen Civilisationen können daran hängen, daß ein außerordentlicher Mensch gewisse Seelenspannungen und Anstrengungen ersten Ranges in gewissen Zeiten aushalten kann“. Die neuere mitteleuropäische Geschichte, fährt er fort, sei dadurch bedingt, daß Friedrich der Große dies von 1759 bis 1762 in hohem Maße vermochte. Alles Zusammenaddieren gewöhnlicher Köpfe und Gemüter könne dies nicht ersetzen[64]. So kann die über die Person hinaus-

---

[63] *Theodor Schieder,* Friedrich der Große und Machiavelli. Das Dilemma von Machtpolitik und Aufklärung, in: HZ 234 (1982), 265 - 294, hier 289f.

[64] *Jacob Burckhardt,* Über das Studium der Geschichte. Der Text der ‚Weltgeschichtlichen Betrachtungen‘ nach den Handschriften hrsg. von Peter Ganz, München 1982, 395.

weisende Bedeutung des Königs sicherlich darin gesehen werden, daß er den ungeheueren Anfechtungen, in die er sich und seinen Staat durch den Eklat von 1740 gestürzt hat, am Ende standzuhalten vermochte[65]. Nur bleibt die Frage, ob denn die Größe, die in diesem Lebenswerk ohne Zweifel zum Ausdruck kommt, einen offenkundigen Rechtsbruch schließlich doch legitimieren kann. Thomas Mann hat in seinem 1915 erschienenen Essay: „Friedrich und die große Koalition" dafür plädiert, daß der König nicht im Recht gewesen sei, „sofern Recht eine Konvention, das Urteil der Majorität, die Stimme der ‚Menschheit' ist. Sein Recht", fährt er fort, „war das Recht der aufsteigenden Macht, ein problematisches, noch illegitimes, noch unerhärtetes Recht, das erst zu erkämpfen, zu schaffen war. Unterlag er, so war er der elendeste Abenteurer, ‚un fou', wie Ludwig von Frankreich gesagt hatte. Nur wenn sich durch den Erfolg herausstellte, daß er der Beauftragte des Schicksals war, nur dann war er im Recht und immer im Recht gewesen"[66]. Inzwischen ist der 200. Todestag des Königs begangen worden. War er wirklich ein Agent der Vorsehung? Angesichts der Teilung seines Landes und des unwiderruflichen Untergangs des preußischen Staates erscheint uns Skepsis angebracht.

---

[65] *Th. Schieder,* Friedrich der Große und Machiavelli (Anm. 63), 290f., unter Bezugnahme auf die Deutungen von Leopold von Ranke und Eduard Spranger; vgl. ferner *ders.,* Friedrich der Große (Anm. 1), 204ff.

[66] *Thomas Mann,* Friedrich und die große Koalition. Ein Abriß für den Tag und die Stunde, Berlin 1915, 44. Vgl. in diesem Zusammenhang auch *Stephan Skalweit,* Das Problem von Recht und Macht und das historiographische Bild Friedrichs des Großen, in: *ders.,* Gestalten und Probleme der frühen Neuzeit. Ausgewählte Aufsätze (Historische Forschungen, 32), Berlin 1987, 155 - 172.

Friedrich der Große und der Geist seiner Zeit*

Von Horst Möller, Erlangen

Wie immer man Friedrichs politische und militärische Taten beurteilen mag, keinem Zweifel unterliegt ihre bedeutsame Wirkung: Der preußische König hielt nicht nur seine Untertanen in Atem, sondern Europa. Zeit seines Lebens zählte er unbestritten zu den Bewegern und Gestaltern deutscher und europäischer Politik: Die Geschichte des Staatsmanns und Strategen begann nur wenige Monate nach seiner Thronbesteigung mit dem Einmarsch in Schlesien – der zur Initialzündung für die Außen- und Kriegspolitik seiner gesamten Regierungszeit wurde – und sie endete mit der ein gutes Jahr vor seinem Tode im Juli 1785 erfolgten Gründung des Deutschen Fürstenbundes. Ähnlich verhält es sich mit den innenpolitischen Leistungen seiner Regierungszeit, von der Abschaffung der Tortur über die Reform des Prozeßrechts bis zu den Vorbereitungen des „Allgemeinen Gesetzbuchs für die Preußischen Staaten". Und nicht anders steht es mit der Kulturpolitik: Er leitete sie 1740 mit der Rückberufung des von seinem unter pietistischem Einfluß stehenden Vater 1723 aus Halle vertriebenen Philosophen Christian Wolff ein und setzte sie bald mit der Reorganisation der 1700 unter Sophie Charlottes Einfluß nach den Plänen von Leibniz begründeten Akademie fort. In allen genannten Sektoren war Friedrich ein Gestalter, und die Reihe der Beispiele ließe sich leicht verlängern.

Wie aber verhielt es sich mit Friedrich als Aufklärer, Friedrich als Philosoph und Schriftsteller – als Zeitgenosse geistiger Bewegungen? Produktiv war er zweifellos, doch war er auch auf diesem Feld *kreativ*? Würden wir uns heute mit seinem schriftstellerischen Werk, seinen in zahlreichen Briefen geäußerten Ideen zu Politik, Geschichte, Gesellschaft, Literatur und Philosophie befassen, wäre er nicht der königliche Philosoph von Sanssouci, sondern ein bürgerlicher Gelehrter aus der Brüderstraße gewesen?

---

* Es handelt sich um den erweiterten und mit Nachweisen versehenen Text eines Vortrags, den ich u.a. im August 1986 bei der Historischen Kommission zu Berlin gehalten habe. In einzelnen Passagen folge ich eigenen früheren Arbeiten zu diesem Themenbereich. Generell heranzuziehen sind auch einige ältere Arbeiten, die in die knapp gehaltenen Anmerkungen nicht aufgenommen wurden: *Eduard Zeller,* Friedrich der Große als Philosoph, Berlin 1886; *Eduard Spranger,* Der Philosoph von Sanssouci, Heidelberg 1962[2]; eine gute Bibliographie enthält: *Georg Holmsten,* Friedrich II. in Selbstzeugnissen und Bilddokumenten, Reinbek 1969.

Stellen wir diese hypothetische Frage zunächst zurück, denn die Faszination für Bewunderer und Kritiker Friedrichs bestand und besteht gerade darin, daß Friedrich alles zugleich war: Ein an Staatsräson und eigenem Ruhm orientierter Staatsmann und Feldherr; ein am ciceronischen Pflichtbegriff geschulter erster Diener des Staates, ein Despot – wenn er es für notwendig hielt oder zuweilen durchbrechende Bosheit ihn dazu verleitete – und eben auch ein philosophisch reflektierender Schriftsteller; ein an aufgeklärtem Naturrecht und Humanität gebildeter Mensch, ein durch die römische Geisteswelt und französische Klassik des 17. Jahrhunderts geprägter Literat, ein feinsinniger Kunstsammler und Bauherr, ein begabter Flötist und Komponist: Mochte er auch in keinem dieser Gebiete ein ganz Großer gewesen sein – beachtlichen Rang erreichte er allemal. Und kein zeitgenössischer König kam ihm in dieser universalen Kombination der Fähigkeiten gleich. Insofern trifft das zeitgenössische Diktum „Friedrich der Einzige“ unbestreitbar zu: Er wog eine ganze Akademie auf. Nicht zufällig formulierte Friedrich selbst diesen Satz zur Charakterisierung zweier älterer universaler Geister der Aufklärung: In den *Denkwürdigkeiten zur Geschichte des Hauses Brandenburg* schrieb er, Leibniz, der mehr als eine Seele gehabt habe, „war wohl würdig, den Vorsitz in einer Akademie zu führen, die er im Notfall allein hätte darstellen können“[1]. Und fast ein Menschenalter später bemerkte er in seiner *Gedächtnisrede auf Voltaire 1778:* „Man kann sagen, wenn der Ausdruck erlaubt ist, daß Voltaire eine ganze Akademie aufwog ...[2]“.

Universal und *enzyklopädisch* wie Leibniz und Voltaire wollte auch Friedrich wohl sein, denn beides charakterisierte die europäische Aufklärung des 17. und 18. Jahrhunderts[3]. Und als ein geschichtlich denkender Politiker und Historiograph des Hauses Brandenburg fragte er ebenso nach dem Verhältnis von Politik und Kultur unter seinen Vorgängern. Über Friedrich Wilhelm von Brandenburg hieß es: „Durch seine unermüdliche Tätigkeit schenkte der Große Kurfürst seinem Land alle nützlichen Künste. Ihnen die angenehmen hinzuzufügen, fehlte ihm die Zeit[4].“ Und nachdem er die Kunstförderung unter Friedrich I. und Sophie Charlotte umrissen hatte, gelangte er zu dem Schluß: „Unter Friedrich I. war Berlin das Athen des Nordens gewesen; unter Friedrich Wilhelm wurde es dessen Sparta[5].“

Friedrich rühmte Gewerbepolitik und Städtebau seines Vaters, der nicht „das kleinste Bauwerk“ für sich, „sondern alle für seine Untertanen“ errich-

---

[1] Werke Friedrichs des Großen, hrsg. von *Gustav Berthold Volz,* I - X, Berlin 1913 - 1914, I, 215.

[2] Ebd., VIII, 242.

[3] Vgl. *Horst Möller,* Vernunft und Kritik. Deutsche Aufklärung im 17. und 18. Jahrhundert, Frankfurt/Main 1986.

[4] *Friedrich der Große,* Denkwürdigkeiten, in: Werke (Anm. 1), II, 213.

[5] Ebd., 217.

tet habe, aber er fand die meisten Bauwerke „durch holländischen Geschmack verdorben“: Friedrich Wilhelm I. „teilte das Schicksal aller Städtegründer, die nur auf die Solidität ihrer Schöpfungen bedacht waren und darüber meist die Schönheit, die mit denselben Mitteln erzielt werden könnte, außer acht ließen“[6].

Noch kritischer aber beurteilte er naturgemäß die Kulturpolitik Friedrich Wilhelms I. und beklagte den Niedergang der Künste, die zum Weggang des Schöpfers des Meißener Porzellans, Johann Friedrich Böttger, nach Dresden geführt und das Ende der Kunstakademie herbeigeführt habe. Vor allem aber bedauerte Friedrich, daß man während vieler wertvoller Neuerungen in der Gewerbe-, Finanz- und Gesellschaftspolitik „die Akademie der Wissenschaften, die Universitäten, die freien Künste und den Handel ganz in Verfall geraten ließ. Die frei werdenden Stellen an der Akademie wurden schlecht und wahllos besetzt. Das Zeitalter war so verblendet, Mißachtung gegen eine Einrichtung zur Schau zu tragen, die so erlauchten Ursprungs war und deren Leistungen ebensosehr den Ruhm der Nation wie den Fortschritt des menschlichen Geistes förderten ... Günstlingswirtschaft und Kabalen besetzten die Lehrstühle der Universitäten. Die Frömmler, die sich in alles mischten, erlangten Teil an der Leitung der Hochschulen. Sie verfolgten dort den gesunden Menschenverstand und insbesondere die Philosophen. Wolff wurde ausgewiesen, weil er die Beweise für das Dasein Gottes mit bewundernswerter Klarheit entwickelt hatte“[7]. Schon diese Kritik läßt Friedrichs eigene Zielsetzung erkennen: Geist *und* Macht sollten seine Herrschaft charakterisieren, und nicht zufällig bezeichnete Friedrich an anderer Stelle die kulturelle Blüte eines Staates als ‚augusteisch‘, oft auch verwies er auf das Beispiel Ludwigs XIV. von Frankreich: Der „esprit classique“ faszinierte den preußischen König, bildete sich sein literarischer Geschmack doch vor allem an Racine[8], sah er die Regierungszeit des Sonnenkönigs doch durch die Brille von Voltaires großartiger historiographischer Darstellung *Le Siècle de Louis XIV.*, die in ihrer Endfassung 1751 publiziert wurde.

Nach Lektüre der ersten Kapitel schrieb Friedrich am 3. Februar 1742 an Voltaire, ich lese, „oder vielmehr, ich verschlinge Ihr *Zeitalter Ludwigs XIV.* Wenn Sie mich lieb haben, schicken Sie mir den Rest des Werkes“[9]. Und wenig später bedankte er sich für das „ungemeine Vergnügen“, das Voltaire ihm mit der Ankündigung des Gesamtwerkes bereitet habe[10]. 1778 urteilte Friedrich dann im Rückblick, das Werk sei im Stile Ciceros verfaßt. Als

---

[6] Ebd., 218.

[7] Ebd., 219.

[8] *Friedrich der Große,* Mein lieber Marquis! Sein Briefwechsel mit Jean-Baptiste d'Argens während des Siebenjährigen Krieges, ausgewählt von Hans Schumann, Zürich 1985, 305 f. sowie Anm. 33.

[9] Briefe Friedrichs des Großen, hrsg. von *Max Hein,* Berlin 1914, I, 195.

[10] Ebd., 201 (12. 4. 1742).

Franzose hebe Voltaire im *Siècle de Louis XIV.* „mit Begeisterung die berühmten Ereignisse jenes großen Zeitalters hervor und setzt die Vorzüge ins hellste Licht, die seinem Volke damals das Übergewicht über die anderen Nationen gaben: die Fülle großer Geister, die unter der Regierung Ludwigs XIV. erstanden, die Herrschaft der Künste und der Wissenschaften unter dem Schutze eines so glänzenden Hofes, die Fortschritte des Gewerbefleißes aller Art und die innere Kraft Frankreichs, die den König gleichsam zum Schiedsrichter Europas machte. Dies einzig dastehende Werk mußte Voltaire die Zuneigung und Dankbarkeit des ganzen französischen Volkes erwerben, dem er mehr Ansehen verschaffte als irgend ein andrer französischer Schriftsteller“[11].

An Friedrichs historiographischem Werk ist vielerlei bemerkenswert. Das historische Interesse Friedrichs war zugleich ein politisches Interesse, das die eigene Standortbestimmung immer auf dem Weg über die Geschichte vornahm. Schon in dieser Hinsicht war er ein Aufklärer, denn die Aufklärung war tatsächlich alles andere als eine ahistorische Bewegung[12]. Geschichte bildete für die meisten Richtungen der Aufklärung ein zentrales Bezugsfeld ihres Denkens und Handelns – auch und gerade in der Kritik der Tradition. Der Weg zur Autonomie der Gegenwart gegenüber der Vergangenheit, der Weg zum Selbstdenken im kantischen Sinn führte über die Kenntnis und produktive Auseinandersetzung mit der Geschichte, nicht aber – wie manche heutige Emanzipatoren meinen – über Ignoranz.

„Die Geschichte trägt der Aufklärung die Fackel vor[13]“ – so formulierte es Friedrich Nicolai. Und Wieland brachte das anthropologisch und instrumental begründete Interesse der Aufklärer an der Geschichte prägnant auf die Formel: „Um herauszubringen, was dem Menschen *möglich* ist, muß man wissen, was er *wirklich ist* und *wirklich geleistet* hat ... Im Grunde ist also alle ächte Menschenkenntniß *historisch*[14].“

Sicher kannte dieses aufgeklärte geschichtliche Interesse wie auch die Historiographie der Aufklärer insgesamt vielfältige, im einzelnen höchst unterschiedliche Formen, doch ändert diese Vielfalt nichts an der generellen Einschätzung.

Auch Friedrichs Historiographie besitzt keineswegs nur aufklärerische Züge. Ich erinnere an zwei Aspekte: Zum einen bildete sie als Geschichte der

---

[11] Gedächtnisrede auf Voltaire (Anm. 2), 240 f.

[12] *Horst Möller,* Aufklärung in Preußen. Der Verleger, Publizist und Geschichtsschreiber Friedrich Nicolai, Berlin 1974, 322 - 517.

[13] *Friedrich Nicolai,* Einige Bemerkungen über den Ursprung und die Geschichte der Rosenkreuzer und Freymaurer. Veranlaßt durch die sog. historisch-kritische Untersuchung des Herrn Hofraths Buhle über diesen Gegenstand, Berlin 1806, 27.

[14] *Christoph Martin Wieland,* Über Rechte und Pflichten der Schriftsteller, in: Werke, hrsg. von Heinrich Düntzer, Berlin o.J. XXIII, 173.

eigenen Zeit, ihrer politischen und vor allem militärischen Ereignisse, eine Art historisch fundierter Selbstdarstellung. Rechtfertigung, Quellenwert gewinnender historischer Bericht eines politisch Handelnden und mit objektivem Anspruch auftretende subjektive Geschichtsdarstellung gingen ineinander über; herausragende – wenn auch im einzelnen höchst unterschiedliche – Beispiele dieser autobiographischen Historiographie bieten Caesars *De Bello Gallico,* Bismarcks *Erinnerung und Gedanke,* Churchills *The Second World War* oder auch Adenauers *Erinnerungen.* Ganz unbefangen bemerkte Friedrich im Vorwort zu den *Denkwürdigkeiten* 1742 denn auch: „Die Geschichte des Zeitalters liefert Beispiele genug zur Rechtfertigung meines Verhaltens[15].“ Und 1775 lobte er ausdrücklich „Cäsars Kommentarien, die mit der edlen Einfalt eines großen Mannes geschrieben“[16] seien.

Zum anderen standen gerade die frühen historiographischen Werke Friedrichs unverkennbar in der Tradition dynastischer Geschichtsschreibung – allerdings mit einem entscheidenden Unterschied: Ihr Autor war kein Hofhistoriograph, sondern der regierende Herrscher selbst.

Und hier gelangen wir wieder an den Ausgangspunkt: Friedrich überwand die dynastische Geschichtsschreibung in drei Richtungen: Er schrieb *erstens* nicht bloße politische Erfolgsgeschichte der Hohenzollern, sondern kritisierte oft auch seine Vorgänger; *zweitens* diente ihm in diesen Werken Geschichte nicht zur historisch-juristischen Untermauerung politischer Ansprüche; und *drittens* erweiterte er den Themenbereich. Neben dem Schwerpunkt der Militärgeschichte berücksichtigte Friedrich in vielen Werken Wirtschaft, Finanzen, Städtebau, Kultur und andere Themen. Hierin folgte Friedrich programmatischen Äußerungen von Leibniz und Voltaire, der es seinerseits nicht bei Postulaten hatte bewenden lassen, sondern sie im *Siècle de Louis XIV.* und in seinem Meisterwerk *Essai sur les mœurs et l'esprit des nations* auch realisiert hatte.

In seinem berühmten Brief an d'Argenson charakterisierte Voltaire 1740 die Neuartigkeit seiner Geschichtsschreibung folgendermaßen: „On n'a fait que l'histoire des rois, mais on n'a point fait celle de la nation. Il semble que, pendant quatorze cents ans il n'y ait eu dans les Gaules que des rois, des ministres, et des généraux: mais nos mœurs, nos lois, nos coutumes, notre esprit ne sont ils donc rien[17]?“ Und die Negation der herrschenden Lehre legte wie so oft in der Aufklärung das Fundament für die eigene Position. So schrieb Voltaire über sein ‚*Siècle de Louis XIV*‘ dem Abbé Dubos: „Ce n'est

---

15 *Friedrich der Große,* Werke (Anm. 1), II, 3.

16 Geschichte meiner Zeit, Vorwort, in: Werke II, 11.

17 *Voltaire,* Correspondance. Texte établi et annoté par *Theodore Besterman,* II (1739 - 1748), Paris 1965, 252 (26. 1. 1740).

point simplement la vie de ce prince que j'écris; ce ne sont point les annales de son règne; c'est plutôt l'histoire de l'esprit humain, puisée dans le siècle le plus glorieux à l'esprit humain[18]."

Der Anknüpfungspunkt für Friedrich und darüber hinaus die Historiographie der deutschen Aufklärer ist offensichtlich, mochten einige Autoren auch den „angenehmen Lügner" Voltaire kritisieren. Selbst seine beiden schärfsten Kritiker, der Göttinger Historiker August Ludwig Schlözer und später Herder, sind ohne Voltaire kaum denkbar. Und nicht wenige Aufklärer feierten ihn wie Nicolai als „Reformator" der Geschichtsschreibung[19].

So sehr Friedrich auch von Voltaire angeregt war, so wenig wurde er ein von ihm abhängiger Geschichtsschreiber. So hat er in seinen *Betrachtungen über die militärischen Talente und den Charakter Karls XII.* 1759 auch Voltaires *Geschichte Karls XII.* kritisiert – die Darstellung eines „höchst geistreichen Schriftstellers, der aber seine militärischen Kenntnisse nur aus Homer und Virgil geschöpft hat"[20].

Die Faszination des großen Franzosen lag in seiner Darstellungskunst, der Brillanz seines Stils, der philosophischen Betrachtung der Geschichte im Sinne einer *erklärenden* und nicht bloß beschreibenden Methode, schließlich in der thematischen Vielfalt: Sie zeugte von umfassenden Interessen eines weltläufigen Geistes, der aus der Studierstube hinausgetreten und vielerlei praktische Erfahrungen gesammelt hatte. Dieser für die Aufklärung charakteristische Drang zur Erfahrung der wirklichen Welt und nicht bloß zum Theoretisieren über sie fand philosophisch im Empirismus Ausdruck, der dem Praxisbezug aller Aufklärung korrespondierte: „Der Mensch ist zum Tun und nicht zum Vernünfteln geschaffen", lautete Lessings einprägsame Devise. Wenn Voltaire in seiner Art der Geschichtsschreibung die einzige Möglichkeit sah, „als echter Philosoph und echter Politiker moderne Geschichte zu schreiben"[21], dann gilt das spiegelbildlich ebenso für Friedrich den Großen, der als politisch Handelnder die Geschichte mit philosophischem Urteilsvermögen darstellen wollte.

Doch verband Friedrich dies mit der Wiederaufnahme eines klassischen ciceronischen Topos: Historia magistra vitae: „Die Betrachtungen über die Ungewißheit der Geschichtsschreibung haben mich oft beschäftigt und in mir den Gedanken angeregt, die wichtigsten Begebenheiten, an denen ich teilhatte oder deren Zeuge ich doch war, für die Nachwelt niederzuschreiben, damit die, welche den preußischen Staat künftig regieren werden,

---

[18] *Voltaire,* Œuvres historiques. Texte établi, annoté et presenté par *René Pomeau,* Paris 1957, 605 (30. 10. 1738).

[19] Allgemeine Deutsche Bibliothek, hrsg. von Friedrich Nicolai, XXI, 2 (1774), 367 - 396.

[20] *Friedrich der Große,* Werke (Anm. 1), VI, 378.

[21] *Walter Mönch,* Voltaire und Friedrich der Große, Stuttgart - Berlin 1943, 193.

Kunde erhalten von der wahren Lage der Dinge zur Zeit meines Regierungsantritts, von der Ursachen meines Handelns ... von den Anschlägen meiner Feinde, den Verhandlungen und Kriegen und vor allem von den Ruhmestaten unserer Offiziere ... Da mein Buch für die Nachwelt bestimmt ist, bin ich von dem Zwange befreit, die Lebenden zu schonen und gewisse Rücksichten zu nehmen, die mit dem Freimut der Wahrheit unvereinbar sind ... Ich werde die Fürsten schildern, wie sie sind, ohne Vorurteil für meine Verbündeten und ohne Haß gegen meine Feinde. Von mir selbst werde ich nur da reden, wo es unvermeidlich ist, und man wird mir erlauben, alles, was mich selbst betrifft, nach Cäsars Vorbild in der dritten Person zu erzählen, um den häßlichen Schein der Selbstsucht zu vermeiden"[22].

Unparteilichkeit und wahrheitsgetreue Darstellung historischer Vorgänge zählten zweifellos zu den Postulaten aufgeklärter Geschichtsschreibung[23]. Und ebensowenig wie die anderen zeitgenössischen Historiographen konnte Friedrich dieses regulative Postulat der Objektivität – um mit Max Weber zu sprechen – immer realisieren. Von Bedeutung bleibt aber, daß er dieses Postulat als Konstituens der Geschichtsschreibung ansah.

Ebenfalls in Übereinstimmung mit der Aufklärungshistoriographie des 18. Jahrhunderts befand sich Friedrich, wenn er die Erklärung historischer Vorgänge aus Ursache und Wirkung anstrebte. Auch hier handelte es sich freilich um eine klassische Methode der sog. pragmatischen Geschichtsschreibung, deren Grundprinzipien von Polybios entwickelt worden waren, den Friedrich übrigens – wie andere antike Geschichtsschreiber auch – lobend erwähnt. Gerade die Vertrautheit mit der antiken Geschichtsschreibung bewahrte ihn vor historiographischer Abhängigkeit von Voltaire, weil sich seine methodischen Grundsätze aus mehreren Quellen speisten und diese auch bei anderen zeitgenössischen Historiographen normative Geltung besaßen.

Allerdings realisierte Friedrich diese Prinzipien auf signifikante Weise anders als die übrigen Historiographen seiner Zeit, die oft ebenfalls keine professionellen Historiker waren, beispielsweise Hume in Schottland, Montesquieu in Frankreich, Justus Möser in Deutschland. Friedrich war eben nicht allein Staatsmann, sondern König.

Stellten die anderen Aufklärungshistoriographen oft genug die Leistungen bürgerlicher Schichten in Arbeit und Kultur dar, so blieb bei ihm der Fürst im Mittelpunkt des Geschehens. Kritisierte er seine eigenen Vorgänger, so hatte das, wie bei den bürgerlichen Historiographen auch, nicht selten den Charakter eines Fürstenspiegels und wurde zum historiographi-

---

22 *Friedrich der Große,* Werke (Anm. 1), II, 12, 13.

23 Vgl. insges. *H. Möller,* Aufklärung in Preußen, (wie Anm. 12), sowie *ders.,* Vernunft und Kritik (Anm. 3), 144 - 188.

schen Gegenstück der *Politischen Testamente*. Und so kam es vor, daß kritische Teile seines historiographischen Werkes nicht veröffentlicht wurden. Und schließlich konnte Friedrich das Lob der vergangenen Zeit kaum zur Kritik der gegenwärtigen benutzen, wie es der Schweizer Arzt Johann Georg Zimmermann nicht ohne Grund manchen Aufklärungshistoriographen vorwarf[24], schrieb Friedrich doch auch die Leistungsgeschichte seiner eigenen Regierungszeit: Für die Deutschen bildete das 17. Jahrhundert anders als für Voltaire keine Epoche kulturellen Glanzes und politischer Machtentfaltung, führte der Dreißigjährige Krieg doch die politische Ohnmacht des Reiches und seiner Territorien herbei.

Diese wenigen Aspekte der Historiographie Friedrichs des Großen, die hier nicht ausführlicher dargestellt werden kann[25], zeigen an einem Teil seines schriftstellerischen Œuvres die Übereinstimmung, aber auch die Besonderheit seines Verhältnisses zum Geist der Zeit. Vor allem aber demonstriert dieser Teil seines Werkes Friedrichs Ausgangsposition: Er war von einem starken Traditionsbewußtsein und genuinem historischem Interesse geleitet. Im Bereich der Historiographie ist von der noch zu behandelnden Differenz seiner Orientierung an französischer oder deutscher Aufklärung nichts zu spüren. Allerdings spielte in Friedrichs historischen Werken die für die deutsche Frühaufklärung konstitutive kirchengeschichtliche Thematik – für die beispielsweise Gottfried Arnold und später Lorenz Mosheim stehen – kaum eine Rolle. Zwar veröffentlichte Friedrich 1766 einen Auszug aus Claude Fleurys ‚*Histoire écclésiastique*' (1691 - 1720) und schrieb auch ein Vorwort dazu, doch insgesamt blieb dieses Thema für ihn eher marginal.

Allerdings nutzte Friedrich, wie viele andere Aufklärer auch, kirchengeschichtliche Ereignisse mehr oder weniger polemisch als Mittel zur Legitimation konfessioneller Toleranz oder auch bloß, um seinen religionskritischen Witz zu üben. Bezeichnenderweise endet seine Vorrede zu Fleury mit den Sätzen: „... die Kirchengeschichte offenbart sich uns als ein Werk der Staatskunst, des Ehrgeizes und des Eigennutzes der Priester. Statt etwas Göttliches darin zu finden, trifft man auf lästerlichen Mißbrauch mit dem höchsten Wesen"[26].

In Religion und Philosophie erwies sich Friedrich gleichermaßen als Skeptiker, der gern den Satz von Aristoteles zitierte: „Der Zweifel ist der Vater aller Weisheit" und der deshalb auch ein großer Bewunderer des Protagonisten der französischen Frühaufklärung, Pierre Bayle, wurde. An

24 Zimmermann an Nicolai, 19. 3. 1788, Nachlaß Friedrich Nicolai I Bd. 84 (Staatsbibliothek, Stiftung Preußischer Kulturbesitz Berlin).

25 Vgl. zuletzt *Theodor Schieder,* Friedrich der Große. Ein Königtum der Widersprüche, Frankfurt/M. / Berlin 1983, 365ff.

26 *Friedrich der Große,* Werke (Anm. 1), VIII, 112.

seiner kritischen Methode hatte sich Friedrich geschult, ihm blieb er auch dann noch verpflichtet, als andere Sterne am Firmament der Aufklärung aufstiegen. So gab Friedrich 1765 selbst einen zweibändigen Auszug aus Bayles fundamentalem *Dictionnaire historique et critique* heraus, das zuerst 1695 - 1697 erschienen und von Gottsched 1740 ins Deutsche übertragen worden war.

Pierre Bayles Skeptizismus bezeichnete weniger eine Position als eine Negation: Bayle wollte, wie er im Vorwort schrieb, ein „Register von Fehlern" geben. Zutreffend urteilte Ernst Cassirer, die Genialität Bayles als Historiker beruhe „nicht in der Entdeckung des Wahren, sondern in der Entdeckung des Falschen"[27]. Und nach Friedrichs Urteil übertraf „Bayle durch die Kraft seiner Logik" alles, „was die Alten und Neueren in diesem Fache geleistet haben"[28]. Zwar sah der König, daß beispielsweise Descartes und Leibniz im Vergleich zu Bayle die schöpferischen Geister waren, und doch hielt er Bayle für den größeren Denker. Friedrich publizierte im wesentlichen nur die philosophischen Artikel, um eine allgemeine Verbreitung von Bayles bewunderungswürdiger Logik zu erreichen. Der hohe Preis des Werkes habe bisher „den Gelehrten und den wenig begüterten Liebhabern der Wissenschaft" eine Anschaffung unmöglich gemacht, tatsächlich aber sei sein Werk „ein Brevier des gesunden Menschenverstandes und die nützlichste Lektüre für Personen jeden Ranges und Standes. Denn es gibt für den Menschen kein wichtigeres Studium als die Bildung seiner Urteilskraft."

Die Widerlegung so vieler philosophischer Systeme, so vieler menschlicher Meinungen, die Bayle geleistet habe, verhindere allzu voreilige Schlüsse. Bayle lehre, daß „die metaphysische Wahrheit fast stets jenseits der Grenzen unsrer Vernunft liegt".

Zahlloser Irrtümer ledig zu werden, die Suche nach der Wahrheit dem vermeintlichen Besitz der Wahrheit vorzuziehen – darin allein lag für Friedrich ein unschätzbarer Gewinn, den der Leser aus der Lektüre Bayles ziehen konnte. Und damit formulierte Friedrich eine auch für die spätere Aufklärung bis hin zu Lessing[29] gültige Maxime.

Friedrichs Urteil über Pierre Bayle bietet uns einen weiteren Schlüssel für sein Verhältnis zu den geistigen Tendenzen seiner Zeit: So oft er sich auch zu philosophischen Themen äußerte, er blieb ein kritischer Skeptiker, dem es nicht um die Konstruktion eines Systems zu tun war, ja oft nicht einmal

---

27 *Ernst Cassirer,* Die Philosophie der Aufklärung, Tübingen 1932², 275.

28 Dieses und die folgenden Charakterisierungen von Bayle entstammen Friedrichs Vorrede zum ‚Auszug aus dem historisch-kritischen Wörterbuch von Bayle' in: *Friedrich der Große,* Werke (Anm. 1), VIII, 40 - 43.

29 *Gotthold Ephraim Lessing,* Eine Duplik (1784), in: Sämtliche Schriften, hrsg. von Karl Lachmann, 3. Aufl., hrsg. von Franz Muncker, IX, Stuttgart 1893, 23f.

um die Befestigung neuer oder bereits herrschender aufgeklärter Positionen. So eklektisch Friedrich in vielem war, so undogmatisch blieb er in den meisten Fragen. Sicher lassen sich einige für die Aufklärung insgesamt oder ihre einflußreichsten Richtungen charakteristische Überzeugungen auch bei Friedrich ausmachen, zum Beispiel die Art des historischen Interesses, die zuweilen scharfe Kirchenkritik, der deistische Grundzug – den Friedrich mit Voltaire teilte –, der Glaube an die kritische Vernunft, naturrechtliches und utilitaristisches Denken, der mit der Lebenserfahrung zunehmende Skeptizismus, der sich zuweilen bis zur Misanthropie steigerte, das kämpferische Gerechtigkeitsgefühl u. a. m.

Der Freundeskreis der Rheinsberger Jahre 1736 bis 1740, vor allem aber die Tafelrunde von Sanssouci 1745 bis 1756[30] diskutierte neben historischen und naturwissenschaftlichen immer wieder auch philosophische Themen, zum Beispiel die Frage nach der Unsterblichkeit der Seele oder der Freiheit des Willens, aber der Diskurs blieb wichtiger als die Antworten, Friedrich selbst schrieb kleinere philosophische Traktate oder Gedichte, z.B. das „Über den Zufall" an seine Freunde oder seine Schwestern. Und längst waren auch die Tage vorbei, in denen der Kronprinz Friedrich mithilfe eines festen Systems – demjenigen Christian Wolffs – philosophische Antworten gab und Voltaire zu überzeugen versuchte. Als der junge Friedrich Voltaire mit der Metaphysik Wolffs vertraut machen wollte, replizierte Voltaire 1737 ironisch: „Reste actuellement à comprendre comment, selon M. Wolf, la matière serait composée d'êtres simples sans étendue; c'est à quoi ma pauvre âme ne peut arriver. J'attends la seconde partie de cette métaphysique dont votre altesse royale daigne me faire présent. J'espère que cette seconde partie me donnera des ailes pour m'élever vers l'être simple; ma misérable pesanteur me rabaisse toujours vers l'être étendu[31]."

Und nur wenige Jahre später fand auch der König an der umständlichen systematischen Schwere und Gelehrsamkeit Wolffs kaum noch Gefallen, je mehr er den geistsprühenden Witz und die Leichtigkeit eines Voltaire kennenlernte. Der spielerische Charakter des Rokoko wirkte sich in der Architektur von Sanssouci ebenso aus wie in den geistvollen Gesprächen, deren Höhepunkt die Tafelrunde von Sanssouci in den Jahren erreichte, in denen ein Friedrich ebenbürtiger, literarisch und philosophisch sogar überlegener Geist dazustieß: 1750 bis 1753.

In diesen Jahren aber zeigte sich zunehmend, daß Friedrich keineswegs in jeder Hinsicht mit der französischen Aufklärung übereinstimmte, wie oft zu

---

30 Vgl. dazu *Horst Möller,* Die philosophische Tafelrunde von Sanssouci, in: Friedrich II. als Aufklärer unter Aufklärern, in: Friedrich der Große – Herrscher zwischen Tradition und Fortschritt, Gütersloh 1985, 26 - 34.

31 *Voltaire,* Correspondance (Anm. 17), I (1704 - 1738), Paris 1977, 972 (1. Juni 1737).

lesen ist. Um die Mitte des Jahrhunderts erreichte die Aufklärung in Frankreich nicht nur einen Höhe-, sondern auch einen Wendepunkt. Sie radikalisierte sich religiös, philosophisch und politisch, sie begann nach der kritischen und skeptischen Phase von Bayle und Fontenelle bis zu Voltaire ihre eigenen Positionen in einer umfassenden enzyklopädischen Bestandsaufnahme festzulegen. Zwar beanspruchten die Enzyklopädisten für ihr Werk keineswegs kanonische Geltung, doch zeigte der Schritt zu eindeutigen Positionen stärker die Risse innerhalb der Aufklärungsbewegung, als es für die Phase kritisch-skeptischer Negation der Fall war.

Aus diesem Grunde ist Friedrichs Einschätzung der seit 1751 von Diderot und d'Alembert herausgegebenen *Encyclopédie* von zentraler Bedeutung für sein Verhältnis zu den geistigen Entwicklungen seiner Zeit. Tatsächlich blieb die Resonanz auf dieses, den Fortschritt der Aufklärung verkörpernde, bis 1780 in insgesamt 34 Bänden abgeschlossen vorliegende Monumentalwerk in Deutschland vergleichsweise reserviert. Ein Beispiel für solche, dem Rang des Werkes insgesamt nicht angemessene, Reaktion bot der preußische König. Sonst ein großer Bewunderer der französischen Kultur, für den Aufklärung weitgehend gleichbedeutend mit französischer Aufklärung war, blieb er der *Encyclopédie* gegenüber skeptisch, zuweilen auch ablehnend. Allerdings hatte schon d'Argens diese Vorbehalte gegenüber dem Werk stimuliert, als er dem König schrieb: Er werde einen „ungeheuren Ozean schlechter Sachen zu durchschiffen haben, in dem freilich auch einige ausgezeichnete Abhandlungen von d'Alembert und einige windgeblähte metaphysische Ballons herumschwimmen, die dadurch, daß sie die Verteidigung des Werkes veranlaßten, ihm einen Ruf einbrachten, den es in allen Ländern, wo es erscheinen kann, schon wieder verloren hat. Die letzten Artikel, die Voltaire beisteuerte, zeugen von seinem Alter und sind nicht besser als sein *Candide;* oft sehr witzig, aber wenig einsichtsvoll und ohne Tiefgang[32]."

Doch sollte die Skepsis Friedrichs differenzierter gesehen werden als die von d'Argens. Vor allem ist der Zeitpunkt seines Interesses bemerkenswert: Ende der 1750er Jahre, als er d'Argens bat, die Bände der *Encyclopédie* zu besorgen, stand er mitten im Siebenjährigen Krieg. Auch dürfte Friedrich die vor allem in religionsphilosophischen Artikeln durchschlagende Radikalität gestört haben, die in Österreich dazu führte, das Werk 1762 auf den Index zu setzen.

Friedrichs philosophische und literarische Maßstäbe gehörten – wie gesagt – noch der vorhergehenden Epoche an: Die französische Klassik, das Zeitalter Ludwigs XIV., beeinflußt durch die geistvolle Sicht Voltaires, bildeten den Hintergrund jeglichen Urteils. Bezeichnend ist eine eher beiläu-

[32] *Friedrich der Große,* Mein lieber Marquis! (Anm. 8), 171f. (24.12.1759). – Das Folgende im wesentlichen nach *H. Möller,* Vernunft und Kritik (Anm. 3), 126 - 128.

fige Bemerkung vom 19. Februar 1760 gegenüber d'Argens: „Sagen Sie mir bitte, ob meinen Versen das Studium Racines anzumerken ist. Ich möchte es gerne wissen, denn vielleicht gebe ich mich einer Selbsttäuschung hin[33]." Und an d'Alembert schrieb der alte König am 1. August 1780: „Das Grab Voltaires wird das der schönen Künste sein. Er war der Schlußstein des Schönen Zeitalters Ludwigs XIV[34]." Friedrichs eher punktuelles Interesse an der *Encyclopédie* ergab sich aus dem Charakter eines solchen Werkes, das trotz aller philosophischen Systematik kein in sich homogenes Lesebuch sein konnte.

Wenngleich dem König die kritische philosophische Skepsis Pierre Bayles erheblich näher lag als der Optimismus der Enzyklopädisten, schätzte er doch insbesondere d'Alembert außerordentlich. Ungeachtet gelegentlicher Kritik an seinen philosophischen Schriften hielt er d'Alembert neben Pascal und Newton für den größten europäischen Mathematiker. Auf Einladung des Königs hielt sich d'Alembert 1763 einige Monate in Potsdam auf und war von diesem Besuch sehr angetan. Über d'Alemberts *Discours préliminaire de l'Encyclopédie* sagte der König zu Henri de Catt, es sei d'Alembert's Meisterwerk: „Dieses Werk allein wird seinen Namen unsterblich machen[35]." Friedrich der Große hegte zweifellos gegen Diderot Animositäten[36]. Aber daraus folgt noch keine grundsätzliche Ablehnung der gesamten *Encyclopédie.*

Jedoch lehnte der König die philosophische und vor allem die politische Radikalisierung der französischen Aufklärung seit Mitte des 18. Jahrhunderts ab, die auch in der *Encyclopédie* Ausdruck fand. Der Direktor der philosophischen Klasse der Berliner Akademie, Johann Georg Sulzer, berichtete nach einem Gespräch mit dem König im Jahre 1777, dieser habe wohl keine genauere Vorstellung der damaligen Philosophie in Frankreich[37].

Aus politischen Motiven kritisierte der preußische König gelegentlich auch Artikel der *Encyclopédie* direkt, so in seinen fiktiven *Briefe(n) über die Vaterlandsliebe* von 1779 den Kosmopolitismus der Enzyklopädisten: „Wie ich mich erinnere, erwähnt Ihr Brief den Ausspruch eines Enzyklopädisten ... Seit einigen Jahren werden wir von solchen Werken überschwemmt. Man findet darin eine kleine Anzahl guter Dinge und einige wenige Wahrheiten; der Rest scheint mir ein Haufen von Aberwitzigkeiten und leichtfertig vor-

---

[33] *Friedrich der Große,* Mein lieber Marquis! (Anm. 8), 195.

[34] Briefe Friedrichs des Großen (Anm. 9), II, 243 f.

[35] *Friedrich der Große,* Gespräche mit Henri de Catt, hrsg. von Wilhelm Schüßler, ND München 1981, 344.

[36] Vgl. Briefe Friedrichs des Großen (Anm. 34), II, 239.

[37] Gespräche Friedrichs des Großen, hrsg. von *Friedrich von Oppeln-Bronikowski* und *Gustav Berthold Volz,* Berlin 1919, 276.

gebrachten Ideen, die man erst hätte prüfen und verbessern müssen, ehe man sie dem Urteil der Öffentlichkeit unterbreitet[38]."

Friedrich stimmte zwar im allgemeinen der Ansicht zu, „alle Menschen seien Brüder und müßten einander lieben". Aber sollte die Meinung, der Weise sei ein Weltbürger, zu Vagabundentum führen, müsse er widersprechen: Die Folgen solcher Ideen „sind dem Wohl der Gesellschaft stets zuwider. Sie führen zur Auflösung des gesellschaftlichen Verbandes; denn sie entwurzeln im Herzen der Bürger unmerklich den Eifer und die Anhänglichkeit, die sie ihrem Vaterlande schulden"[39].

D'Alembert gegenüber rechtfertigte der König am 3. Dezember 1779 seine Attacke damit, er habe in den Werken der Enzyklopädisten gelesen, „daß die Vaterlandsliebe ein Vorurteil sei, das die Regierungen zu befestigen versucht hätten, daß es aber in einem aufgeklärten Jahrhundert wie dem unsern Zeit wäre, mit solchen alten Hirngespinsten aufzuräumen ... Derartige Behauptungen zu widerlegen, ist zum Besten der Gesellschaft unbedingt erforderlich"[40]. Skeptisch erwies sich Friedrich II. sowohl gegenüber einem als missionarisch angesehenen Reformismus, als auch gegenüber der Menge banaler Wahrheiten und Berichten über Mißstände.

Friedrichs eher kritische Beurteilung der *Encyclopédie* war von besonderem Gewicht, weil er unter den deutschen Aufklärern derjenige war, der sich am stärksten an Frankreich orientierte und für den weder eine Sprachbarriere noch Geldmangel die Rezeption des Werkes behinderte. Friedrichs Skepsis teilten vermutlich nicht wenige der deutschen Autoren. Im allgemeinen äußerte man sich eher beiläufig, selten aber enthusiastisch über die *Encyclopédie*. Noch Goethe berichtete später in *Dichtung und Wahrheit,* welche Verwirrung gerade der Reichtum und die Vielfalt des Werkes auf ihn in seiner Jugend ausgeübt hatte[41]. Auch der reife Goethe äußerte sich im historischen Teil seiner *Farbenlehre* noch kritisch über die Enzyklopädisten[42]. Und die Generation des Sturm und Drang, an ihrer Spitze Herder, wußte mit der *Encyclopédie* nichts anzufangen[43].

Und ein weiteres Beispiel bezeugt Friedrichs Distanz zu der nach 1750 in der französischen Aufklärung einsetzenden Entwicklung – ein Beispiel, das zudem politische Relevanz besitzt. Friedrich war seit seinem *Anti-Machia-*

---

38 Friedrich der Große, Werke (Anm. 1), VIII, 298.

39 Ebd., 299.

40 Briefe Friedrichs des Großen (Anm. 9), II, 239.

41 *Johann Wolfgang Goethe,* Dichtung und Wahrheit, in: Werke. Hamburger Ausgabe, hrsg. von Erich Trunz, IX, Hamburg 1967^{6}, 487.

42 *Ders.,* Farbenlehre, in: Werke (Anm. 41), XIV, 215.

43 Z.B. *Johann Gottfried Herder,* Journal meiner Reise im Jahre 1769. Hist.-krit. Ausgabe, hrsg. von Katharina Mommsen, Stuttgart 1976, 91; sowie *H. Möller,* Vernunft und Kritik (Anm. 3), 130ff.

vell – der 1740 mit Voltaires Vorwort und Modifikationen kurz nach der Thronbesteigung anonym erschienen war – zweifellos ein Monarch, der wie kaum ein anderer König seiner Zeit über Wesen und Formen monarchischer Herrschaft reflektierte. Friedrich war kein eigenständiger Staatstheoretiker, doch liegt der besondere Reiz seiner staatstheoretischen Schriften darin, daß er als ein der Maxime der Staatsräson verpflichteter Pragmatiker und Praktiker Herrschaftstheorie und Herrschaftspraxis miteinander konfrontierte. Die Zwiespältigkeit, die hierin lag, ist oft dargestellt worden[44]. Gerade weil Friedrich in seiner Person den Absolutismus mithilfe der Aufklärung reflektierte, traten ihre Gemeinsamkeit und ihre Widersprüchlichkeit bei ihm besonders scharf hervor. Kein Historiker hat sie prägnanter formuliert als Friedrich selbst: „Ich hoffe, die Nachwelt, für die ich schreibe, wird bei mir den Philosophen vom Fürsten und den Ehrenmann vom Politiker zu scheiden wissen[45]."

Hatte noch sein Vater Friedrich Wilhelm die monarchische Herrschaft aus dem Gottesgnadentum legitimiert, begründete Friedrich sie mithilfe aufgeklärt-naturrechtlicher Fiktionen, nämlich die Theorie eines Herrschaftsvertrages, der seinerseits auf dem Gesellschaftsvertrag zwischen Untertanen und Herrschern beruhte. Die Herrschaft legitimierte sich also nicht mehr durch göttliches, sondern menschliches Recht. Friedrich stimmte im wesentlichen mit der Herrschaftstheorie überein, die in Deutschland am wirkungsmächtigsten Christian Wolff formuliert hatte, der seinerseits in einer langen Tradition seit Jean Bodin und Thomas Hobbes stand. Was Friedrich 1737 über den Ursprung fürstlicher Macht sagte, wie er Tyrannei und absolute Monarchie gegeneinander abgrenzte, das entsprach weitgehend Christian Wolffs *Vernünftigen Gedanken von dem gesellschaftlichen Leben der Menschen und insonderheit dem gemeinen Wesen* von 1721[46].

Trotzdem blieb auch Friedrichs Herrschaftsverständnis vom religiös geprägten Pflichtbegriff seines Vaters beeinflußt: Erste Diener des Staates waren beide und wollten beide sein. Allerdings war bei Friedrich Wilhelm der dynastische Bezug ungebrochener. Wo für Friedrich die Grenzen der verfassungspolitischen Modernität lagen, wurde klar, als der deutsch-französische Philosoph Paul Thiry d'Holbach in seinem 1770 veröffentlichten Werk *Système de la nature* behauptete, aus dem Herrschaftsvertrag folge das Recht der Untertanen zur Absetzung eines unerwünschten Monarchen.

---

[44] Vgl. u.a. *Peter Baumgart,* Naturrechtliche Vorstellungen in der Staatsauffassung Friedrichs des Großen, in: Humanismus und Naturrecht in Berlin-Brandenburg-Preußen, hrsg. von Hans Thieme u.a., Berlin - New York 1979, 143 - 154, und die anschließende Diskussion 155 - 174; *H. Möller,* Aufklärung in Preußen (Anm. 12), 518ff., und *Th. Schieder,* Friedrich der Große (Anm. 25), 102ff., 284ff.

[45] *Friedrich der Große,* Geschichte meiner Zeit, in: Werke (Anm. 1), II, 2.

[46] Vgl. insgesamt zuletzt: *Johannes Kunisch,* Absolutismus. Europäische Geschichte vom Westfälischen Frieden bis zur Krise des Ancien régime, Göttingen 1986, (mit weiterer Lit.), 20ff.; *H. Möller,* Vernunft und Kritik (Anm. 3), 189 - 212.

Friedrich griff zur Feder und bestritt zwar nicht grundsätzlich das Recht zur Herrscherabsetzung, aber seinen Sinn. Der König verwies auf die Gefahr des Chaos und auf den in einem solchen Fall zu erwartenden ständigen Machtkampf der Thronkandidaten: Die Folge dieser Regierungsform sei, „daß die Thronkandidaten und -Prätendenten sich unaufhörlich regen, das Volk gegen den Fürsten aufwiegeln, Unruhen und Empörung schüren würden, in der Hoffnung, auf solchen Wegen emporzusteigen und zur Herrschaft zu gelangen. Hierdurch wäre eine derartige Regierung dauernd inneren Kämpfen ausgesetzt". Und Friedrich nannte das zeitgenössische polnische Beispiel: In Polen bedeute jede Königswahl eine Epoche innerer und äußerer Kriege[47].

Aus dieser nicht prinzipiellen, sondern pragmatischen Argumentation sprachen Befürchtung und historische Erfahrung des Bürgerkriegs, aus denen heraus Thomas Hobbes viele Generationen früher den Absolutismus begründet hatte. Es sprach aus diesem Vorgang aber auch die neue Funktion der Öffentlichkeit, die Friedrich wie kein anderer König seiner Zeit erkannte: Im 18. Jahrhundert wurde die Staatstheorie von einem Thema der Gelehrten zu einem Thema der öffentlichen Diskussion, die je länger je mehr eine Rechtfertigung nicht allein der theoretischen Grundlagen der Herrschaft, sondern auch der Staatspraxis verlangte. Stand in der klassischen Ausprägung des Absolutismus bei Bodin der Monarch über dem Staat, so stand er im aufgeklärten Absolutismus als „erster Diener" des Staates im Dienst der Staatsräson an seiner Spitze, den Staat selbst aber begriffen die aufgeklärten Naturrechtler als Produkt der Gesellschaft.

Auch wenn Friedrich Wilhelm I. mehr Interesse an Philosophie und Literatur gehabt hätte, nie wäre es ihm in den Sinn gekommen, sich mit einem Philosophen über Herrschaftsformen und Herrschaftspflichten zu streiten. Friedrich konnte es nicht nur, er wollte es auch. Er selbst fühlte sich als Angehöriger der République des lettres, als Philosoph in dem weiten Sinn, den der Begriff im 18. Jahrhundert bis zu Kant besaß. Insofern sprach aus dem Titel seiner nur für Freunde bestimmten Erstausgabe der in drei Bänden 1750 bis 1752 gedruckten Schriften, *Œuvres du philosophe de Sanssouci,* weniger Selbstüberhebung als zeitgenössisches Selbstverständnis. Auch die sog. Popularphilosophen waren keine professionellen Philosophen im nachkantischen Sinn, sondern reflektierende Schriftsteller, die kritisch-vernünftige Urteilskraft auf alle Probleme des menschlichen Lebens anwenden wollten.

So ablehnend Friedrich radikaleren Tendenzen der französischen Aufklärung seit Jahrhundertmitte auch gegenüberstand, den persönlichen Umgang scheute er keineswegs. So holte er beispielsweise La Mettrie, den materia-

[47] *Friedrich der Große,* Kritik des „Systems der Natur" (1770), in: Werke (Anm. 1), VII, 258ff., das Zit. 268.

listischen Verfasser von *L'Homme machine* an die Tafelrunde von Sanssouci. Doch teilte Friedrich dessen philosophische Überzeugungen nicht, schätzte aber seine Verdienste als Mediziner, vor allem aber seine Unbefangenheit, seinen Witz, seine Fähigkeit zu geistreicher Plauderei. Vor dem Neid seiner Kollegen und der Verfolgung durch die Theologie wollte er ihm, wie er in seinem Nachruf sagte, in Preußen Zuflucht gewähren. Hielt Friedrich dem kauzigen Materialisten auch eine ehrende Gedenkrede, so war doch selbst der tote La Mettrie vor Friedrichs Bosheit nicht sicher. Als La Mettrie – der für seine kenntnisreichen Vorträge über kulinarische Genüsse und die königliche Küche berühmt war – vermutlich infolge übermäßigen Genusses einer Trüffelpastete 1751 starb, schrieb der König über ihn: „Er war lustig, ein guter Kerl, ein guter Arzt und ein sehr schlechter Schriftsteller; aber wenn man seine Bücher ungelesen ließ, konnte man mit ihm zufrieden sein[48]."

Friedrichs Verhältnis zu den geistigen Bewegungen seiner Zeit kam also auch darin zum Ausdruck, daß ihm der Umgang mit bedeutenden Gelehrten, Philosophen und Literaten ein Bedürfnis war. An der Tafelrunde von Sanssouci saßen neben Voltaire und La Mettrie unter anderem der Physiker und Mathematiker Maupertuis – zugleich Präsident der Akademie –, der italienische Schriftsteller Algarotti – Verfasser eines wegen der Eleganz seiner Darstellung berühmten populären Buches über Newton – sowie der Kulturkritiker Marquis d'Argens – der unter anderem eine vierzehnbändige *Histoire de l'esprit humain* verfaßt hatte – um nur einige wenige zu nennen.

Trotzdem hatte Friedrich mit der Gewinnung ganz großer Aufklärer wenig Glück, nicht allein das später nur notdürftig gekittete Zerwürfnis mit Voltaire zeugte davon, sondern auch der vergebliche Versuch, den Mathematiker und Mitherausgeber der *Encyclopédie,* d'Alembert, als Nachfolger von Maupertuis für die Präsidentschaft an der Akademie zu gewinnen. D'Alembert lehnte höflich ab, blieb dem König im freundschaftlich diskutierenden Briefwechsel verbunden, aber ein Kostgänger des Königs wollte er – durch Voltaires Erfahrungen gewitzigt – nicht sein: Denn standen die Gäste der Tafelrunde dem Gastgeber auch an Witz und Bosheit kaum nach, wie nicht allein Voltaires hinterhältig-eifersüchtige Attacken auf Maupertuis bezeugen, so blieb im Zweifelsfall der königliche Philosoph doch etwas gleicher als die anderen – und von ihm abhängig zu sein, hatte keineswegs nur angenehme Seiten. Die Bewunderung aus der Ferne war jedenfalls weniger strapaziös.

Trotz allem bemühte sich Friedrich, wie auch seine Personalpolitik an der von ihm wiederbelebten Akademie zeigt, zeitweise sehr erfolgreich darum,

---

[48] Zit. bei *Reinhold Koser,* Geschichte Friedrichs des Großen, ND Darmstadt 1974, II, 243; Friedrichs Gedächtnisrede auf La Mettrie findet sich in: Werke (Anm. 1), 217 - 221; dort hielt sich der König allerdings mit süffisanten Bemerkungen zurück.

nicht nur Potsdam, sondern auch Berlin mithilfe zahlreicher angesehener Gelehrter und Schriftsteller intellektuellen Glanz zu verleihen. Der König führte nach 1759 formell selbst die Präsidentschaft, wobei er sich u.a. von d'Alembert, später auch für eine kurze Zeit von Condorcet beraten ließ. Die Zahl der bedeutenden Mitglieder war groß, ich nenne stellvertretend nur den produktivsten Mathematiker des Jahrhunderts, Leonhard Euler: Er wirkte von 1741 bis 1766, zeitweise als Direktor der mathematischen Klasse, an der Berliner Akademie. Zweifellos kam Friedrichs Interesse für die geistigen, vor allem auch die gelehrten Bemühungen der Zeit nicht allein in seinen Schriften und seinem nach Art der Zeit ungeheuer umfangreichen Briefwechsel oder seinem Freundeskreis zum Ausdruck, sondern ebenso in seiner Akademiepolitik.

Unter den erwähnten Schriftstellern waren nur vereinzelt deutsche Aufklärer. Da Friedrich sie großenteils ignoriert hat, liegt es nahe, dies hier ebenfalls zu tun[49]. Die wenigsten deutschen Literaten und Philosophen zahlten dies mit gleicher Münze heim, sondern zollten dem preußischen König in der Regel Bewunderung, waren oft genug „fritzisch" gesinnt[50]. Wieder ist eine zeitliche Differenzierung zu berücksichtigen, die bereits in einem einfachen Beispiel Ausdruck findet: Zwar wurde Christian Wolff, der einflußreichste deutsche Philosoph der Frühaufklärung, bald nach der Reorganisation der Akademie zum auswärtigen Mitglied gewählt, doch Immanuel Kant wurde erst 1786 nach Friedrichs Tod aufgenommen, ähnlich wie die Mehrzahl der bekanntesten preußischen Aufklärer. Zwar wurde Lessing 1760 Mitglied, Gellert aber abgelehnt. Und um die Aufnahme Moses Mendelssohns entspann sich ein Streit: Friedrich lehnte sie ab, weil er Jude war; die konfessionelle Toleranz, sonst religionspolitische Richtschnur seines Handelns, fand hier ihre Grenze.

Allerdings ist die Einschätzung unzutreffend, daß der Akademie kaum Deutsche angehört hätten[51]. Unter den auswärtigen Mitgliedern waren, bei abnehmender Tendenz, gegen Ende seines Lebens ein Fünftel deutscher

---

[49] Vgl. *Wilhelm Dilthey,* Friedrich der Große und die deutsche Aufklärung, in: Gesammelte Schriften III, Göttingen 1969^4, 83 - 209, führt allerdings auch eine Reihe positiver Beziehungen auf.

[50] Vgl. *H. Möller,* Aufklärung in Preußen (Anm. 12), 330 ff., 562 ff.; *ders.,* Königliche und bürgerliche Aufklärung, in: Preußen. Beiträge zu einer politischen Kultur, hrsg. von Manfred Schlenke, Reinbek bei Hamburg 1981, 120 - 135; *Ernst Benz,* Der Philosoph von Sans-Souci im Urteil der Theologie und Philosophie seiner Zeit (Oetinger, Tersteegen, Mendelssohn), Mainz - Wiesbaden 1971; Textsammlungen: Friedrich der Große im Spiegel seiner Zeit, hrsg. von *Gustav Berthold Volz,* I - III, Berlin o.J. (1926); Friedrich II., König von Preußen, und die deutsche Literatur des 18. Jahrhunderts. Texte und Dokumente, hrsg. von *Horst Steinmetz,* Stuttgart 1985. Über die Darstellung Friedrichs u.a. in der zeitgenössischen Graphik: *Andrea M. Kluxen,* Bild eines Königs. Friedrich der Große in der Graphik, Limburg/Lahn 1986.

[51] *Adolf Harnack,* Geschichte der Königlich Preußischen Akademie der Wissenschaften zu Berlin, I - III, Berlin 1900.

Herkunft. Von den 1751 bis 1760 aufgenommenen 79 Mitgliedern waren 23 Deutsche, von den 1764 bis 1786 zugewählten 27 Mitgliedern nur ein Deutscher. Insgesamt erstarrte gegen Ende der Regierungszeit Friedrichs die Akademiearbeit immer mehr, auch die Zahl der Mitglieder sank beträchtlich.

Diese Erstarrung kontrastierte bekanntlich der stürmischen Entwicklung deutscher Literatur, Philosophie und Geschichtsschreibung, die Friedrich nicht oder nur ganz unvollkommen wahrnahm, wie seine in dieser Hinsicht entlarvende berühmte Schrift *De la littérature allemande* von 1780 dokumentierte. Manche seiner Forderungen standen der aufgeklärten zeitgenössischen Zielsetzung gar nicht so fern, so kritisierte Friedrich die Dominanz des Lateinischen in den Wissenschaften, die 25,9 von 26 Millionen Deutschen von den Wissenschaften ausschließe[52]. So weit so gut – nur hatte Friedrich nicht bemerkt, daß im Gefolge der von ihm selbst erwähnten, schon gegen Ende des 17. Jahrhunderts durch Christian Thomasius einsetzenden, von Christian Wolff teilweise fortgesetzten Bemühungen das Lateinische schon merklich zurückgedrängt war. Zwischen 1740 und 1800 verminderte sich der Anteil der in lateinischer Sprache veröffentlichten Werke von 27,7 auf knapp 4 Prozent, im Erscheinungsjahr von Friedrichs Kritik hatte dieser Anteil allerdings noch bei 17,7 Prozent gelegen – aber auch das bedeutete immerhin eine Verminderung von mehr als einem Drittel gegenüber 1740[53].

Und ebenso verhielt es sich mit Friedrichs Einschätzung der Literaturfähigkeit der deutschen Sprache, der er noch ein Jahr vor dem Tode Lessings Deutlichkeit, Verständlichkeit und Geschmeidigkeit absprach – und damit weniger die deutsche Literatur seiner Zeit als seine eigene unvollkommene Kenntnis des Deutschen charakterisierte: „ich habe von Jugend auf kein deutsch Buch gelesen, und ich rede es sehr schlecht (je parle comme un cocher), jetzo aber bin ich ein alter Kerl von 46 Jahren und habe keine Zeit mehr dazu", sagte er 1757 zu Gottsched[54], für den er sich mehr als Bayle-Herausgeber denn als Literaturtheoretiker interessierte.

Die übliche kritische Einschätzung der Deutschkenntnisse Friedrichs ist vermutlich übertrieben, Tatsache aber ist sein Desinteresse an der deutschen Philosophie und Dichtung in der zweiten Hälfte des 18. Jahrhunderts. Die deutschen Frühaufklärer Leibniz, Thomasius und Wolff kannte er besser als alles, was nachher von deutschen Philosophen veröffentlicht wurde: Seine ganz außerordentliche Belesenheit in der lateinischen und französi-

---

52 *Friedrich der Große,* De la littérature allemande, Darmstadt 1969, 77. Diese Ausgabe enthält auch die Erwiderung von Justus Möser.

53 Vgl. zuletzt *H. Möller,* Vernunft und Kritik (Anm. 3), 268ff., insbes. 273.

54 Gespräche Friedrichs des Großen (Anm. 37), 237 - 244, das Zit. 240.

schen Literatur, in Grenzen auch der englischen Philosophie, von der er in erster Linie John Locke sehr bewunderte, fand kein Pendant.

Sicher führte Friedrich das eine oder andere Gespräch mit deutschen Literaten der Aufklärung, außer Gottsched empfing er beispielsweise Gellert, den Historiker und Juristen Pütter, Sulzer, Garve, Nicolai und Gleim – aber eine nähere Kenntnis der literarischen Entwicklung Deutschlands gewann er dadurch nicht.

Und was für die deutsche Aufklärung seit Mitte des 18. Jahrhunderts galt, das traf noch mehr auf die neuen literarischen Strömungen zu; mit Sturm und Drang und Klassik wußte er nichts anzufangen. Die Rezeption Shakespeares in der deutschen Literatur, für die Lessings *Hamburgische Dramaturgie* und Goethes *Götz von Berlichingen* Marksteine bildeten, stieß den König ab, wenn er auch nur Spuren von ihr gewahr wurde: „Dem *Shakespear* kann man indeß seine sonderbare Ausschweifungen wohl verzeihen; denn er lebte zu einer Zeit, da die Wissenschaften in England erst geboren wurden, und man also noch keine Reife von denselben erwarten konnte. Aber erst vor einigen Jahren ist ein *Götz von Berlichingen* auf unserm Theater erschienen, eine abscheuliche Nachahmung jener schlechten englischen Stücke: und doch bewilligt unser Publikum diesem eckelhaften Gewäsche seinen lauten Beyfall, und verlangt mit Eifer ihre öftere Wiederholung[55]."

Der König sprach sich im übrigen für eine Verbesserung der deutschen Literatursprache aus und empfahl die Übersetzung klassischer Werke – die zeitgenössischen deutschen Literaten aber sahen vor allem die Kritik und die Unkenntnis des von ihnen bewunderten Königs, der zahlreiche Gegenschriften provozierte: Die bekannteste ist die von Justus Möser 1781. Wäre Friedrichs Schrift 1750 und nicht 1780 erschienen, hätte er vermutlich des Beifalls derjenigen sicher sein können, die ihn nun mit Recht der Ignoranz ziehen. Allerdings traf die von einem frühen, noch gänzlich literarischen Nationalbewußtsein aus geübte Kritik kaum immer ins Schwarze, es war nicht Friedrichs Vorliebe für die Ausländer, die ihm die Feder führte, sondern seine schon erwähnte Orientierung an der französischen Klassik eines Racine und in philosophischer Hinsicht der Frühaufklärung. Und man muß hinzufügen: Auch die Spätaufklärung war über die literarische Entwicklung nicht immer glücklich – der Streit um Goethes *Werther* in den 1770er Jahren demonstrierte diesen Geschmackswandel des literarischen Stils und seiner sozialen Implikation nur allzu deutlich.

Und selbst die Reaktion auf das bedeutendste philosophische Werk des Jahrhunderts, das Friedrichs Königsberger Untertan Immanuel Kant 1781 publizierte, die *Kritik der reinen Vernunft,* zeigte einen Wandel der Aufklärung an: Friedrich nahm dieses Werk nicht zur Kenntnis – obwohl er ver-

---

[55] De la littérature allemande (Anm. 52), 66.

schiedentlich beklagt hatte, er suche einen guten Philosophen in Deutschland, finde aber keinen. Doch auch die aufgeklärten Popularphilosophen, die Kants Hauptwerk lasen, wußten mit ihm nicht viel anzufangen. Philosophie war eine Wissenschaft geworden, zwar in deutscher Sprache, aber deswegen noch nicht unbedingt jedem verständlicher.

Diese beiden Hinweise zeigen, daß sich bei Friedrich der Generationswandel der Aufklärung ebenso zeigt wie bei anderen Zeitgenossen, auch er muß historisch angemessen und nicht nach absoluten Maßstäben beurteilt werden. Und im übrigen war die Aufklärung zu keinem Zeitpunkt homogen, noch 1783 war die Frage nicht beantwortet, was Aufklärung eigentlich sei[56].

Instruktiv ist die zeitgenössische Beurteilung eines derjenigen aufgeklärten Schriftsteller, deren Werk ihn kaum interessierte, mit dem der König sich aber unterhalten hat. Der Breslauer Christian Garve, der Friedrich u. a. mit dem römischen Kaiser Marc Aurel verglich und damit einer der von ihm besonders geschätzten historischen Persönlichkeiten, gelangte zu dem Schluß:

„*Friedrich* war beydes: Schriftsteller und der thatenreichste Mann seines Jahrhunderts ... In der That waren die Talente dieses Königs so mannigfaltig und so geschmeidig: daß er zugleich Dichter, speculativer Philosoph, Geschichtschreiber, feiner Weltmann, angenehmer Gesellschafter für schöne Geister und Gelehrte, einer der ersten praktischen Geschäftsmänner, im Fache der privat- und öffentlichen Haushaltung, Soldat, Feldherr und geschickter Unterhändler seyn konnte ... Und dies alles war er, wenn auch nicht auf gleich vollkommene doch auf eine ihm eigenthümliche Weise[57]."

Konnte ein solch vielseitiger Mann ohne Widersprüche sein – in einem Jahrhundert, das selbst voller Widersprüche war, einem Jahrhundert, welches Kant das „Jahrhundert Friedrichs"[58] genannt hat? – Das Jahrhundert Friedrichs – obwohl er zweifellos ein scharfsinnig-kritischer und bis heute lesenswerter, aber kein im strengen Sinne schöpferischer Schriftsteller und Philosoph gewesen ist.

---

[56] Vgl. Was ist Aufklärung? Beiträge aus der Berlinischen Monatsschrift, hrsg. von *Norbert Hinske*, Darmstadt 1973; *Werner Schneiders*, Die wahre Aufklärung. Zum Selbstverständnis der deutschen Aufklärung, Freiburg 1974.

[57] *Christian Garve*, Fragmente zur Schilderung des Geistes, des Charakters, und der Regierung Friedrichs des zweyten, Breslau 1798, V, XIf.

[58] *Immanuel Kant*, Beantwortung der Frage: Was ist Aufklärung, in: Berlinische Monatsschrift IV (1784), 491.

Staatsverständnis und Staatspraxis Friedrichs II. von Preußen

Von Rudolf Vierhaus, Göttingen

I.

Am 8. Januar 1745 schrieb der französische Gesandte in Berlin de Valory an d'Argenson: „Man darf nicht glauben, der König von Preußen habe die Politik und das Benehmen eines Herrschers nach den Grundsätzen aufgefaßt, die er im Antimachiavell' zum besten gegeben hat. Das Buch ist meiner Ansicht nach geschrieben worden, um die Illusion vorzubereiten, mit der er ganz Europa überraschen wollte. Aber sein Benehmen seit seiner Thronbesteigung hat die Meinung derer gerechtfertigt, die da glauben, er habe die Grundsätze der Gerechtigkeit und Tugend in seinem Werke nur deshalb zum Ausdruck gebracht und sie zu befolgen verheißen, um sie den Fehlern des verstorbenen Königs gegenüber zu stellen[1]." Diesem Widerspruch zwischen den Worten und Taten Friedrichs ist Valory in den wohl zur gleichen Zeit geschriebenen „Observations sur le caractère du roi de Prusse" weiter nachgegangen. Seinen gravierendsten Charakterfehler glaubt er in der Menschenverachtung zu finden, aus der sich die Verwegenheit, die Maßlosigkeit des Königs erkläre, der, was er für richtig halte, rücksichtslos ausführe und unbedingten Gehorsam verlange. Er habe sich als großer Heerführer erwiesen, wolle aber auch als Schöngeist, Dichter, Redner und Musiker gelten. Aus Eigenliebe und in der Absicht zu gefallen, könne er überwältigend liebenswürdig sein; sobald er jedoch sein Ziel erreicht habe, verliere sich sein Interesse an den Menschen. Valory schloß mit dem Satz: „Einige Züge seines Charakters darf ich hoffen gezeichnet zu haben. Als Ganzes bleibt er ein Rätsel[2]."

Bewunderer, Kritiker und Gegner haben stets Widersprüche im Erscheinungsbild Friedrichs II. von Preußen festgestellt und sie zu erklären versucht – verehrend die einen, die die Unmöglichkeit betonten, das Genie nach normalen Maßen zu beurteilen; psychologisch deutend die anderen, die auf die Jugenderfahrungen des Königs hinwiesen; gehässig die dritten, die hinter

[1] Hier zitiert nach *Otto Bardong* (Hrsg.), Friedrich der Große. (Ausgew. Quellen z. dt. Gesch. d. Neuzeit. Frhr. vom Stein-Gedächtnisausg. Bd. XXII), Darmstadt 1982, 551.

[2] Ebd., 552 ff.

seinen Worten und Taten nur Berechnung, Täuschung und persönlichen Machtwillen zu erkennen meinten. Aufgelöst haben sie die Widersprüchlichkeiten nicht; man muß sie, wie es zuletzt Theodor Schieder getan hat, als historischen Befund stehen lassen, der sich nicht allein aus dem Charakter Friedrichs ableiten läßt. Auch der Staat, über den er herrschte, und die Zeit, in der er lebte, waren voller Gegensätze[3].

Eine weitere, für die historische Deutung Friedrichs wichtige Voraussetzung ist die Tatsache, daß er wie kaum ein anderer Monarch seinem Herrscher- und Staatsverständnis schriftlich Ausdruck verliehen und über das Verhältnis von Theorie und Praxis in der Politik reflektiert hat. Zweifellos war Koketterie im Spiel, wenn er sich in einem Brief an seine Schwester Wilhelmine einen „Philosophen aus Neigung, Staatsmann aus Pflicht" nannte[4]; er hat jedoch in allen Situationen, gerade auch in düsteren Stunden, zu viel gelesen und geschrieben – Briefe, philosophische, politische und militarische Abhandlungen, historische Darstellungen, Gedichte –, als daß man seine Schriftstellerei als Eitelkeit und heuchlerische Selbstpropaganda abtun und sagen dürfte, für das Urteil über den König komme es allein auf sein politisches Handeln an. Bei Friedrich gehörten politisches Handeln – nicht nur aus Pflicht – und die philosophierende Reflexion – nicht nur aus Neigung – untrennbar zusammen, allerdings nicht derart, daß seine politischen Schriften als Theorie seinem politischen Handeln als Praxis gegenüber gestellt werden könnten. Auch jene gehörten zu seiner „Staatspraxis", wie in diesem sein Staatsverständnis, seine Staatstheorie zur Wirkung kam.

II.

Daß der Voltaires „Henriade" und Fénelons „Télémaque" bewundernde Verfasser des „Antimachiavell", der dem amoralischen Fürstenbild des Florentiners das eines guten, tugendhaften, nur gerechten Krieg zu führen entschlossenen Fürsten entgegengestellt hatte[5], ein Jahr nach Erscheinen des Buches unter rücksichtsloser Ausnutzung einer günstigen politischen Konstellation in das habsburgische Schlesien einfiel, erschien wie reiner Hohn. Friedrich selbst gab in der ersten Fassung der „Histoire de mon temps" (1742) zu, daß neben dem Besitz eines schlagfertigen Heeres und eines beträchtlichen Staatsschatzes lebhaftes Temperament, Ehrgeiz und Wunsch, sich einen Namen zu machen, für seinen Entschluß ausschlag-

---

[3] *Theodor Schieder,* Friedrich der Große. Ein Königtum der Widersprüche, Berlin 1983.

[4] Potsdam, 21. 2. 1756. – Zit. nach *Bardong* (Anm. 1), 345.

[5] Der Antimachiavell. Hier benutzt: Die Werke Friedrichs des Großen. In deutscher Übersetzung, Bd. 7: Antimachiavell und Testamente, hrsg. von B. G. Volz, Berlin 1912.

gebend gewesen seien[6]. Wenngleich keine amoralischen Beweggründe, waren es gewiß doch keine solchen, die für einen gerechten Krieg ausreichten und mit dem Bilde eines friedfertigen, am Rufe der Aufrichtigkeit und am Glück seiner Untertanen gelegenen Fürsten vereinbar waren. Liest man jedoch die Machiavelli-Kritik genauer[7], so spürt man schon hier die politische Energie Friedrichs, sein hochgespanntes Herrscherselbstbewußtsein; man findet wesentliche Elemente seines Staatsverständnisses, das sich in den folgenden Jahrzehnten weiterentwickelt, konkretisiert, auch verhärtet, nicht aber grundlegend gewandelt hat. Hier schon nennt Friedrich die Fälle, in denen der Fürst einen Präventivkrieg führen, Verträge brechen, Gegner täuschen muß. Und man trifft hier schon auf die für den roi philosophe kennzeichnend bleibende Verbindung eines rationalistischen Moralismus mit nüchternem Zweckdenken und mit der Neigung zu berechnender literarischer Stilisierung. Was im „Antimachiavell" und in frühen Schriften noch rhetorisch aufgesetzt und klischeehaft klingt, nimmt später an Ernst und Härte zu; das pflichtenethische Element tritt in den Vordergrund, die Skepsis gegenüber der Möglichkeit, das gewollte Gute auch tun zu können, wird stärker und der Pessimismus im Hinblick auf die Menschen übermächtig.

Es sind die bitteren Erfahrungen gewesen, die Friedrich im Siebenjährigen Krieg machen mußte, welche den Glanz, die intellektuell und ästhetisch angeregte Atmosphäre, den Optimismus der Rheinsberger und der frühen Berliner Jahre, das strahlende Erfolgsbewußtsein des roi connétable, des roi absolu und des roi philosophe aufzehrten. Übrig blieb ein unermüdlich tätiger, kranker und immer misanthrophischer werdender Herrscher, der sich um alles und jedes in seinem Lande kümmerte und fest davon überzeugt war, daß nur so die von außen gefährdete, im Innern zu ständiger Anstrengung zwingende Position Preußens erhalten werden könne. Nun traten nicht nur bestimmte befremdliche Züge seiner Persönlichkeit stärker hervor – seine Ungeduld mit Menschen, seine intellektuelle Arroganz, seine starre Unbelehrtheit –; es kam nun auch der harte Kern von Grundsätzen seines Staatsverständnisses, die früh angelegt waren, in verschärfter Form zur Geltung. Vor allem die Überzeugung, daß ein Monarch persönlich regieren, in Preußen auch selber seine Truppen befehligen müsse. In ihr vereinigten sich bei ihm Theorie und Praxis; sie war der Leitgedanke und das stärkste Motiv seines Handelns. Von ihr her erschließt sich am ehesten ein Zugang zur Interpretation (1) des Staatsverständnisses und des persönlichen Herrscherstils Friedrichs, (2) des spezifisch preußischen Charakters seines Königtums und (3) des aufgeklärten Absolutismus seines Regiments.

---

[6] Geschichte seiner Zeit. Hier zitiert nach: Die Werke Friedrichs des Großen. In deutscher Übersetzung, Bd. 2, hrsg. von B. G. Volz, Berlin 1912, 5.

[7] Vgl. dazu *Schieder* (Anm. 3), 102ff.

Für Friedrich, der die alte Diskussion um Vorzüge und Nachteile der unterschiedlichen Staats- und Regierungsformen selbstverständlich kannte, war und blieb auch in der Theorie die Monarchie die beste, angesichts der Unvollkommenheit der Menschen die funktionsfähigste, für einen großen Staat die einzig mögliche. Republiken müßten, wie die Geschichte zeige, in Despotismus zurückfallen; Erbmonarchien dagegen seien nicht nur am leichtesten zu regieren, sondern auch nach außen am sichersten, im Innern am stabilsten, vor allem dann, wenn der Fürst sich bemühe, sein Volk glücklich zu machen. Machiavelli würde sich wundern, meint Friedrich, wenn er die inzwischen erreichte politische Lage Europas sähe: viele Fürsten, die zu seiner Zeit nichts galten, seien zu Bedeutung gekommen; die Macht der Könige sei allgemein gefestigt und ihre Beziehungen untereinander hätten sich stabilisiert; Allianzen der Großen sorgten für ein Gleichgewicht in Europa, das den Frieden in der Welt zum Ziele habe[8]. Unter solchen Umständen tue ein Fürst schon aus eigenem Interesse gut daran, als vertrauenswürdig zu gelten, nur gerechte Kriege zu führen, gegenüber Soldaten und Bürgern streng, aber gerecht zu sein, Verträge und Bündnisse nur in Notfällen zu brechen und seine Macht durch gute Regierung, durch Förderung der Künste und Wissenschaften zu erhöhen. Wohl und Wehe des Staates, Glück und Unglück des Volkes hingen entscheidend vom guten Willen, von der Einsicht und dem Fleiß des Fürsten ab. Um aber erfolgreich zu sein, seiner Aufgabe gerecht zu werden und Gutes zu bewirken, müsse er nicht nur herrschen, sondern selbst regieren. „Zwei Arten von Fürsten gibt es in der Welt", heißt es im „Antimachiavell", „die einen wollen mit eigenen Augen sehen und die Regierung ihrer Staaten selber in der Hand behalten, die anderen verlassen sich ganz auf die Ehrlichkeit ihrer Minister und lassen sich von denen leiten, die Einfluß auf sie gewonnen haben. Die Herrscher von der ersteren Gattung sind die Seele ihrer Staaten; auf ihnen allein ruht das volle Gewicht der Regierung wie die Welt auf den Schultern des Atlas; sie regeln die äußeren wie die inneren Angelegenheiten, alle Verordnungen, Gesetze, Erlasse gehen von ihnen aus; sie füllen zur selben Zeit gleichzeitig das Amt des Justizministers aus, des Oberfeldherrn wie des Finanzministers, kurz, alles, was nur irgend für den Staat von Wichtigkeit sein kann, geht durch die Hand. Ihnen stehen zur Seite, nach dem Vorbild Gottes, dem als die Vollstrecker seines Willens geistige Wesen von höherer Art denn der Mensch gesellt sind, scharfsichtige und arbeitsfrohe Geister, ihre Absichten auszuführen und im einzelnen zu verwirklichen, was sie in großen Zügen entworfen haben; ihre Minister sind eigentlich nur Werkzeuge in der Hand eines weisen und geschickten Meisters[9]." Diesem Verständnis der Aufgabe des Monarchen hat Friedrich nicht nur literarischen Ausdruck gegeben, er

[8] Antimachiavell (Anm. 5), 41.
[9] Ebd., 92.

hat es auch praktiziert – konsequenter und erfolgreicher als seine Standesgenossen, ausschließlicher und überlegener als sein Vater. Das persönliche Regiment dieses hochbegabten Herrschers, der seine Armeen selber befehligte, wurde zum Markenzeichen Preußens und – im Ausland mehr noch als im Inland – zur Erklärung für den Aufstieg dieses Staates, der so wenig natürliche und historische Voraussetzungen für die Rolle einer großen Macht mitbrachte.

Die monarchische Selbstherrschaft gehörte indes bereits zur dynastischen Ideologie und zur Staatspraxis in Preußen, als Friedrich die Regierung antrat. Sie kennzeichnete schon das Herrscherverständnis seines Vaters, der seinem „lieben Successor" im Politischen Testament von 1722 den Auftrag und die Ermahnung hinterließ, „ein Regent, der mit honneur in der Welt regieren will, muß seine Affären alle selber tun"; vor allem müsse er das Finanzwesen selbst handhaben und das Kommando der Armee selbst bestellen. Gott habe ihn nicht auf den Thron gesetzt, um zu faulenzen, sondern zu arbeiten und seine Länder „wohl zu regieren"[10]. Bestand also der Unterschied zwischen dem Regiment des Vaters und des Sohnes nur darin, daß jener ein knauseriger, mißtrauischer, gewalttätiger Hauswirt war, dieser bei gleicher Absicht vom ersten Tag an einen anderen Stil, einen Zug ins Große hinzu brachte?

Er begann mit Maßnahmen, die ganz den Erwartungen derjenigen entsprachen, die von ihm das Beispiel aufgeklärter Regierung erhofften: Aufhebung der Folter, Zurückberufung des Philosophen Wolff nach Halle, Förderung der Kunst und der Wissenschaft. Noch im gleichen Jahr aber der Überfall auf Schlesien, der den europäischen Krieg um die österreichische Erbfolge eröffnete! Dem Erschrecken darüber folgte schnell, selbst bei den Gegnern, die Bewunderung über den militärischen Erfolg, der sich im 2. Schlesischen Krieg wiederholte. Die Widersprüchlichkeit des Urteils über Friedrich, die von seinem ersten Regierungsjahr an datiert, spiegelt das Dilemma, in das er durch sein Handeln geraten war. Indem er 1740 den Weg des militärischen Ruhms in einer auch nach den Maßstäben der Zeit besonders erfolgreichen, aber auch besonders rücksichtslosen, rechtsverachtenden Weise betrat, zog er nicht nur Erstaunen, sondern auch das Odium auf sich, ein gewissenloser Machtpolitiker zu sein. Und er sah sich gezwungen, um Schlesien weitere Kriege zu führen, dauernd eine übergroße Armee zu unterhalten, deren Versorgung und Ausrüstung unter den Staatsaufgaben absolute Priorität besaßen, und seinen Untertanen eine außerordentlich hohe Inanspruchnahme für den Staat zuzumuten. Auch nach den Leiden und

---

10 Instruktion König Friedrich Wilhelms I. für seinen Nachfolger, 22.1. bis 17. Februar 1722. Hier zitiert nach: Die Politischen Testamente der Hohenzollern, nebst ergänzenden Aktenstücken. Bd. 1, hrsg. von Georg Küntzel und Martin Hass (Quellensammlung z. Dtn. Gesch. Bd. 5), Leipzig u. Berlin 1911, 72.

Lasten des Siebenjährigen Krieges hat seine vordringlichste Sorge der Wiederauffüllung und Verstärkung der Armee, der Ansammlung eines neuen Kriegsschatzes und der noch effektiveren Steuereintreibung gegolten. Zwar sollten der Wiederaufbau in den vom Krieg betroffenen Gebieten, die Maßnahmen zur Kolonisations-, Gewerbe- und Handelsförderung, die beginnende Bauernbefreiung auf den Domänen, die Wiederaufnahme der Arbeiten an einem allgemeinen Gesetzbuch der Hebung des Wohlstandes der Bevölkerung dienen; alles dieses jedoch in erster Linie im Interesse der Stärkung des Staates. Daß Preußen die erreichte Position unter den Mächten nur bei ständiger Kriegsbereitschaft behaupten könne, war für Friedrich die raison d'être seines Staates, die aller Politik Richtung und Ziel setzte. Das private Glück der einzelnen, auch des Monarchen, müsse dahinter zurücktreten.

Notwendigkeit also, davon war Friedrich überzeugt, nötige in Preußen zu einer Politik, die nur noch wenig den Vorstellungen des Regierungsanfangs entsprach; Notwendigkeit, nicht Machtwille, gebiete das Festhalten an der Selbstregierung, bei deren Ausübung sich der Monarch allerdings bewußt sein müsse, daß, wenn sein Interesse mit dem Interesse des Staates identisch bleiben solle, ein Handeln gegen die Interessen des Staates eine Vernachlässigung seiner Pflichten bedeute und ihm selber schade.

Wie ein roter Faden zieht sich durch Friedrichs politische Aussagen die Betonung der Pflicht des Monarchen, selbst zu regieren, so in den beiden politischen Testamenten, in Briefen an den Thronfolger, in der Abhandlung über „Regierungsformen und Herrscherpflichten" von 1777 und an anderen Stellen. Ob die monarchische Regierungsform die schlimmste oder beste sei, hänge von der Herrschaftspraxis, diese aber allein vom Monarchen ab. Denn „der Fürst ist für den Staat, den er regiert, dasselbe, was das Haupt für den Körper ist: er muß für die Allgemeinheit sehen, denken und handeln, um ihr jeglichen wünschenswerten Vorteil zu verschaffen, für die sie empfänglich ist. Soll die monarchische Regierung sich der republikanischen überlegen zeigen, so ist die Richtschnur für den Herrscher gegeben: er muß tätig und rein von Charakter sein und all seine Kräfte zusammennehmen, um die Aufgabe zu erfüllen, die ihm vorgezeichnet ward[11]." Die Betonung der Pflicht des Fürsten, eine Aufgabe zu erfüllen, die er sich nicht selbst gewählt hat, und die Beschreibung der unablässigen Anspannung, die von ihm gefordert ist, erhielten bei Friedrich das Gewicht erfahrungsgesättigter Maximen. Er erlebte sein Herrscheramt zunehmend als Fron, die immer weniger Raum für Genuß und Zufriedenheit ließ; sein Gefühl, der am meisten mit Pflichten beladene und deshalb im wahrsten Sinne des Wortes unfreieste Mensch in seinem Staat zu sein, war nicht bloß rhetorische Figur, sondern die Konse-

[11] Regierungsformen und Herrscherpflichten. Hier zitiert nach: Werke (Anm. 5), Bd. 7, 229.

quenz des persönlichen Regiments, das er für unerläßlich hielt, das allerdings auch ganz seinem Herrschertemperament entsprach. Hinzu trat die Sorge, keinen Nachfolger zu haben, der den Anforderungen an einen König von Preußen gerecht zu werden vermöge, die er wiederholt formuliert hatte: daß er persönlich regieren, daß seine ganze Arbeit dem allgemeinen Wohl des Staates dienen müsse, weil es kein anderes Wohl als dieses gebe, und daß er sich als erster Diener des Staates (le premier serviteur de l'état) verstehen müsse.

Diese viel zitierte und interpretierte Formulierung[12] würde mißverstehen, wer aus ihr Bescheidung und Machtbeschränkung herauslesen wollte. Sie meint die Identifizierung der Interessen des Monarchen und aller seiner „Diener" mit denen des Staates, wobei selbstverständlich vorausgesetzt ist, daß der Monarch der legitime Interpret dieser Interessen und deshalb mit der uneingeschränkten Befugnis ausgestattet ist, die Politik zu bestimmen. Dabei beruft sich Friedrich – am deutlichsten in dem Essay „Über Regierungsformen und Herrschaftspflichten" von 1777 – auf die Theorie des Gesellschaftsvertrags und der Einsetzung der Obrigkeit als Hüterin der Gesetze durch das Volk. „Die Aufrechterhaltung der Gesetze war der einzige Grund, der die Menschen bewog, sich Obere zu geben; denn das bedeutet den wahren Ursprung der Herrschergewalt" (souveraineté)[13]. Aus diesem, zwar nicht rücknehmbaren, aber die Obrigkeit bindenden Auftrag leitete Friedrich die Pflichten des Herrschers in einer Monarchie ab. Sie umfassen genaue Kenntnis des Landes, Sorge für eindeutige Gesetzgebung und korrekte Prozeßführung, Kontrolle der Beamten und Richter durch regelmäßige Visitationen der Provinzen, vor allem ein systematisches Vorgehen in allen Bereichen der inneren Politik bei energischer Förderung der Landwirtschaft und des Gewerbes, mit besonderer Aufmerksamkeit für die Finanzpolitik und unter strikter Beachtung des Grundsatzes, daß der Fürst keine Rechte über die Denkweise seiner Untertanen habe.

Das alles hatte Friedrich schon früher gesagt, und er konnte mit Recht behaupten, in diesem Sinne regiert zu haben. Deutlicher als vorher tritt hier jedoch die Nüchternheit hervor, mit der er die nach seiner Meinung unaufhebbaren Grenzen auch für die wohlwollendste Regierung benennt und auf die Kluft zwischen Theorie und Praxis hinweist. Sie resultiert nach seiner Meinung aus der Unvollkommenheit, der Eigensucht und Hinterhältigkeit der Menschen wie aus den geltenden Rechtsverhältnissen und der Struktur der bestehenden Gesellschaft, deren Änderung er weder anstrebte noch für möglich hielt. Die Leibeigenschaft sei gewiß die unglücklichste und unwür-

[12] Sie findet sich bereits im „Antimachiavell" (Anm. 5), 6 und wird in Friedrichs Schriften mehrfach wiederholt, so auch in der zitierten Schrift von 1777, ebd., 226, 235.

[13] Ebd., 226.

digste Situation; kein Mensch sei geboren, der Sklave eines anderen zu sein. Guter Wille aber genüge nicht, diesen barbarischen Mißbrauch abzuschaffen, der auf alten Verträgen gründe; zudem beruhe die Landwirtschaft auf bäuerlichen Dienstleistungen, deren plötzliche Aufhebung größte Unordnung herbeiführen und eine Entschädigung des grundbesitzenden Adels nötig machen würde. Es sei nun einmal das „Los der Dinge hiernieden, daß man niemals an den Grad der Vollkommenheit heranreicht, der für das Glück der Völker zu wünschen wäre, und daß man in der Regierung von Staaten wie in allem anderen sich mit dem mindest Mangelhaften bescheiden muß“[14].

Späte und resignierende Einsicht eines altgewordenen Herrschers, der von seinen Grundsätzen nicht mehr abzugehen in der Lage, zu Reformen nicht bereit ist, deren Erwünschtheit er selbst erkannt hat und deren Ausführung gerade von ihm erwartet wird? Oder Ausdruck seiner Einsicht, daß nicht Wunschvorstellungen, sondern allein die Arbeit pflichtbewußter, systematisch arbeitender, das Ganze der inneren und äußeren Politik fest im Griff haltender Regenten eine Gewähr für das Gedeihen der Staaten bietet? Anders hat Friedrich nie gedacht; aber er ist skeptischer geworden im Hinblick auf das, was ein Monarch erreichen kann.

III.

Die spezifisch preußische Komponente in Friedrichs Staats- und Herrschaftsverständnis ist evident. Als er 1740 den Thron bestieg, bestand und funktionierte der Militär- und Verwaltungsstaat bereits, der die Grundlage für sein politisches Handeln bildete. Alle Regierungstätigkeit ging schon vom Monarchen aus. Unter Zurückdrängung von ständisch-regionalen Rechten und Ansprüchen auf Mitwirkung an der Regierung hatte Friedrich Wilhelm I. die spezifische Form des preußischen Absolutismus geschaffen: die persönliche Herrschaft des Monarchen mit Hilfe einer allein von ihm abhängigen Verwaltung, deren Tätigkeit ganz auf die Erstellung und Unterhaltung eines für die Bevölkerungszahl und die Ressourcen des Staates außerordentlich großen stehenden Heeres ausgerichtet ist. Friedrich hat an diesem System grundsätzlich nichts geändert; die Armee behielt Priorität, der Verwaltungsapparat blieb Medium des königlichen Willens; der Monarch regierte eher noch absoluter. Aber er teilte der preußischen Politik eine Dynamik mit, die sie äußerlich und innerlich weit über 1740 hinausführte.

Einer der Antriebe seines Handelns ging zweifellos auf die demütigenden Erfahrungen der Kronprinzenzeit zurück – nicht allein auf die barbarische

---

[14] Ebd., 237.

Behandlung durch den cholerischen Vater, ebenso auf die Enge und Dürftigkeit, die Uneleganz und Prosaik des täglichen Lebens in Potsdam und Wusterhausen, auf den Dienst in Küstrin und die aufgenötigte Ehe: Verletzungen des Stolzes des begabten, selbstbewußten Prinzen, die unauslöschliche Spuren hinterließen. Friedrich wollte anders regieren als sein Vater, und jeder – außer seinem Vater – erwartete es von ihm. 1740 aber hatte er nicht allein die Übertragung des Musenhofs von Rheinsberg nach Berlin und die Entfaltung monarchischen Glanzes im Sinn; er suchte politischen Erfolg, der seinem Vorgänger bei der Geltendmachung von Erbansprüchen auf Jülich-Berg versagt geblieben war, und er war entschlossen, die Instrumente der Macht zu nutzen, die sein Vater geschaffen hatte. Gleichzeitig genoß er die Reputation des Schriftstellers und aufgeklärten Philosophen, der einen Voltaire, einen Maupertuis zum Gesprächspartner hatte.

Dabei täuschte er sich nicht über die Dürftigkeit und die Schwächen Brandenburg-Preußens – eines Staates, der eigentlich zu klein für seinen Ehrgeiz war. Zwar verfügte er über eine ungewöhnlich gut ausgebildete Armee; ihr militärischer Wert aber konnte 1740 noch nicht als bewiesen gelten. Friedrichs Schritt über den Rubicon war riskant; der Erfolg stärkte sein Selbstbewußtsein und schien seine Überzeugung zu bestätigen, daß für einen Staat wie Preußen alles auf die Klugheit und die Entschlossenheit des Herrschers ankomme. Nur wenn dieser als antreibender Motor und als aufmerksamer Steuermann in unbeirrter Verfolgung des für seinen Staat als richtig erkannten Systems der Politik alle Ressourcen erschließe und weiterentwickele, könne Preußen unter den europäischen Mächten eine eigenständige Rolle spielen. Nur wenn der Monarch jede Gelegenheit zur Vergrößerung seines Staates nutze, die auswärtige Politik ganz in den Dienst dieser Politik stelle und seine Armee stets kriegsbereit halte, könne dieser Staat sich behaupten – ein Staat, der durch seine geographische Lage und territoriale Zersplitterung extrem gefährdet war. Unter dem Eindruck dieser Tatsache und im Verfolg der ehrgeizigen Politik des Hauses Brandenburg sah Friedrich in der militärischen Stärke Preußens und in der überlegenen politischen Handlungsfähigkeit seiner Regierung die entscheidenden Voraussetzungen nicht erst für sein weiteres Wachstum, sondern schon für seinen Erhalt. 1747 schrieb er an seinen Bruder August Wilhelm, den präsumtiven Nachfolger: „Nach unserer Staatsverfassung regiert der König selbst, die übrigen Stände sind nur ausführende Organe für ihren Bereich. Wenn dem Herrscher der Zusammenhang des Ganzen nicht vertraut ist, muß der Staat darunter leiden[15].“ Im „Politischen Testament“ von 1752 wird es geradezu für notwendig erklärt, daß in einem Staat wie Preußen der Herrscher seine Geschäfte selber führt und den Zusammenhang des Ganzen sichert. Eine gut geführte Regierung müsse „ein ebenso fest gefügtes System haben wie ein

[15] Potsdam 24. 4. 1747. Zit. nach *Bardong* (Anm. 1), 141.

philosophisches Lehrgebäude. Alle Maßnahmen müssen gut durchdacht sein, Finanzen, Politik und Heerwesen auf ein gemeinsames Ziel steuern, nämlich die Stärkung des Staates und das Wachstum seiner Macht. Ein System aber kann nur aus einem Kopfe entspringen; also muß es aus dem des Herrschers hervorgehen[16]."

In der Vorstellung, daß die Zentralisierung der politischen Gewalt, die Gleichförmigkeit der Verwaltung und Justiz und die systematische Koordinierung aller Bereiche der Politik, die eine höhere Effizienz des staatlichen Lebens bewirke, rationale Regierungstätigkeit voraussetze, konnten sich die Intentionen des monarchischen Absolutismus mit den Ideen der Aufklärung treffen. Schloß doch solche Staatspraxis im Prinzip fürstliche Laune und polizeiliche Willkür aus und bot, wenn sie von einem aufgeklärten Monarchen geleitet wurde, eine optimale Chance für Verbesserungen und Reformen. Gewiß ginge man zu weit, wollte man eine Affinität zwischen preußischer Staatsräson und der Konzeption einer aufgeklärten Regierung behaupten; Friedrich fand aber doch in seinem Staat insofern günstige institutionelle Voraussetzungen für rationale Politik, als es keinen nennenswerten Widerstand der Stände mehr gab, die Integration des Adels in das monarchische System weit vorangeschritten war und man sich daran gewöhnt hatte, daß die politische Initiative allein beim Monarchen lag. Dennoch ist der monarchische Absolutismus, wie er in Preußen praktiziert wurde, zur unüberwindbaren Schranke für aufgeklärte Politik geworden.

Dieses Dilemma resultierte aus den Bedingungen, unter denen das Regiment des roi philosophe stand. Sie nötigten ihn zu einer Außenpolitik, die sich auf militärische Stärke stützte, und zu einer Innenpolitik, die alle Kräfte des Landes mobilisierte, also zu einer „Entwicklungspolitik". Auch in den Augen des aufgeklärten Publikums konnte sie nur Beglückungs- und Reformpolitik „von oben" sein, durch die eine selbständig sich regende, ihre Kräfte entfaltende und am politischen Geschehen teilnehmende Bevölkerung erst geschaffen werde. Wie groß aber war der Handlungsspielraum der Regierung „nach unten"? Friedrich hat die Grund- und Ortsherrschaft des gutsbesitzenden Adels nicht eingeschränkt. Nicht, weil er besondere Sympathie für den Adel empfand, sondern aus Gründen einer Staatsräson, die vom Adel enge Bindung an die Krone, ein standesspezifisches Ehrbewußtsein und die Bereitschaft zum militärischen Dienst verlangte. Auch die höheren zivilen Staatsämter besetzte Friedrich ganz überwiegend mit Adeligen, weil er bei ihnen mehr savoir faire, mehr politischen Ehrgeiz voraussetzte. Ein materiell selbständiges Bürgertum, das eigene Interessen politisch wirksam zur Geltung zu bringen vermochte, entstand in Preußen erst langsam. Am meisten hofften die gebildeten Bürgerlichen, die am stärksten aufstiegs-

[16] Hier zit. nach: Friedrich der Große, Die Politischen Testamente (Klassiker der Politik Bd. 5), Berlin 1922, 41f.

motivierte, von den Ideen der Aufklärung angesprochene und ihre Chancen in staatlichen und anderen Ämtern suchende soziale Gruppe, auf eine aufgeklärte, reformwillige Regierung. Bezeichnend, daß die überzeugtesten, wenn auch nicht unkritischen, Vertreter eines friderizianischen aufgeklärten Absolutismus aus ihren Reihen kamen und daß ihre Vorstellungen bald an die Grenzen stießen, die der aufgeklärte Monarch nicht zu überschreiten gewillt war[17]. Friedrich erkannte deutlicher als seine Beamten, als die aufgeklärten Schriftsteller, Professoren, Pastoren, daß der preußische Staat das Regiment eines unbeschränkten Monarchen benötigte, wenn er nicht in relative Bedeutungslosigkeit zurückfallen wollte. Hatte Lorenz Stein nicht Recht, der noch 1852 gesagt hat, daß Preußen ein im eigentlichen Sinne verfassungsunfähiger Staat sei, in dem die Staatsregierung die Herrin bleiben müsse, weil sie allein das „staatsbildende Element" darstelle und weil dieser Staat allein durch die „Arbeit seiner Fürsten" gebildet wurde und nur durch „die Regierungsgewalt" zusammengehalten werde[18]? Friedrich galt es als schlichte Tatsache, daß Preußen ein allein von der Krone zusammengehaltenes Gebilde aus Territorien unterschiedlicher Traditionen war, das im Monarchen seinen Mittelpunkt besaß und nur durch ihn und die Instrumente seines Willens – Regierung, Verwaltung, Heer – zur politischen Bedeutung gelangt war. „Der Grundsatz ist offenbar und handgreiflich," heißt es im „Politischen Testament" von 1768, „der Herrscher hat die Pflicht und muß sich bemühen, selbst zu regieren. Er soll an der Spitze aller Regierungszweige stehen, vor allem seine Truppen im Kriege selbst führen … (es) bedarf eines Mittelpunktes, in dem alle Fäden der Regierung zusammenlaufen[19]."

Viele Historiker, Juristen, politische Schriftsteller, nicht allein borussischer Couleur, haben der Auffassung Friedrichs vom preußischen Staat als ausschließlichem Werk der Dynastie lange zugestimmt. Sie haben die Entwicklung Preußens zum Paradigma moderner Staatsbildung gemacht – den Aufstieg eines im eigentlichen Sinne artifiziellen Gebildes, das mangels einer gemeinsamen historischen Grundlage allein durch die Monarchen zu einem Staat geworden sei, weil diese nicht nur herrschten, sondern selber

[17] Zur nicht endenden Diskussion um den „aufgeklärten Absolutismus" sei hier nur die neuere Literatur genannt: *Karl Otmar Frhr. von Aretin* (Hrsg.), Der Aufgeklärte Absolutismus (Neue wiss. Bibl., Bd. 67), Köln 1974. – *Leonard Krieger,* An Essay on the Theory of Enlightened Despotism, Chicago 1975. – *Ders.,* Kings and Philosophers, 1689 - 1789, London 1970, 241 ff. – *Theodor Schieder,* (Anm. 3), 284 ff. – *Volker Sellin,* Friedrich der Große und der Aufgeklärte Absolutismus. Ein Beitrag zur Klärung eines umstrittenen Begriffs, in: H. Engelhardt und H. Stuke (Hrsg.), Soziale Bewegung und politische Verfassung. Beiträge zur Geschichte der modernen Welt, Stuttgart 1976, 83 - 112.

[18] Zur preußischen Verfassungsfrage, in: Deutsche Vierteljahrs Schrift 1852, hier zit. nach „Libelli" Bd. LX, Darmstadt ²1961, 12.

[19] Hier zitiert nach: Friedrich der Große, Die Politischen Testamente (Klassiker der Politik Bd. 5), Berlin 1922, 201.

regierten. Die Führungskrise, in die der Staat nach dem Tode Friedrichs geriet, scheint diese Interpretation zu stützen. Zwei Feststellungen sind indes dagegenzuhalten. Die Selbstherrschaft des großen Königs in der Zuspitzung der „Regierung aus dem Kabinett" war am Ende seines Lebens bereits ein Anachronismus. Sie entsprach weder der wirtschaftlichen und gesellschaftlichen Entwicklung noch dem politischen Bewußtseinsstand der meinungsführenden Bildungsschichten im Lande, so daß sich zunehmende Kritik und beim Tode des Königs Erleichterung und Erwartung zu Wort meldeten. Aus einem Motor der Entwicklung war diese Regierung zum Hemmschuh geworden, nicht allein deshalb, weil der alte, pessimistische König bewegungsfeindlich geworden war, sondern weil er starr am Militärstaatscharakter Preußens festhielt. Daß dieser Staat zehn Jahre nach Friedrichs Tod deutliche Risse aufwies, weitere zehn Jahre später blamabel einstürzte, geschah nicht allein deshalb, weil seine Nachfolger schwächer waren, sondern auch, weil das System des absolutistisch regierten Militär- und Verwaltungsstaates überholt war. Daß man auf den Lorbeeren Friedrichs des Großen eingeschlafen sei, diese Deutung der Katastrophe von 1806/07 durch die Königin Luise, blieb an der Oberfläche; man hatte sich nicht aus den Fesseln seiner Herrschaftsideologie und Herrschaftspraxis befreien können, obwohl diese sich überlebt hatten.

Das geschah erst durch die Staatsreform, das Erneuerungswerk vom Oktoberedikt 1807 „den erleichterten Besitz und den freien Gebrauch des Grundeigentums sowie die persönlichen Verhältnisse der Landbewohner betreffend" bis zu Hegels Berliner Antrittsvorlesung 1818, in der er Preußen als Staat des Geistes und der Kultur feierte. Nun zeigte sich, daß Preußen noch eine andere Entwicklungsmöglichkeit in sich trug als die von Friedrich repräsentierte und allein für richtig gehaltene. In Gang gesetzt und vorangetrieben wurde sie jedoch von Männern, die ganz überwiegend als Beamte und Offiziere im spätfriderizianischen System groß geworden waren. Die Nicht-Preußen unter ihnen – Stein, Hardenberg, Scharnhorst und andere – bezeugen die Anziehungskraft des preußischen Staates, die er unter der Herrschaft Friedrichs gewonnen hatte. Die militärische Niederlage und die politische Kapitulation hatten den Weg frei gemacht für eine Reform, die, wie manche von ihnen glauben wollten, nicht im Widerspruch zum Geist des aufgeklärten Regiments Friedrichs stehe, sich aber doch in ihren Intentionen prinzipiell vom friderizianischen Staatsverständnis unterschied. Die Widerstände, die sie fand und nicht zu überwinden vermochte, beweisen jedoch, wie kräftig die obrigkeitsstaatlichen Strukturen und das politisch-soziale System des „alten" Preußen geblieben waren.

IV.

Damit stellt sich die Frage: Wie „aufgeklärt" war die Selbstherrschaft Friedrichs? Daß viele Elemente, die den sog. „aufgeklärten Absolutismus" zu kennzeichnen scheinen, nicht der Aufklärung zugerechnet werden können, braucht nicht mehr im einzelnen nachgewiesen zu werden. Schon der barocke Absolutismus besaß eine rationale Tendenz, und bereits das fromme Landesvätertum entfaltete oft umfassende, auf das allgemeine Wohl gerichtete Regierungstätigkeit, vor allem in der Wirtschafts-, Sozial- und Bildungspolitik. Durch zahlreiche „Ordnungen" hat der absolutistische, wohlgeordnete Polizeistaat (M. Raeff)[20] manche Verbesserung auf den Weg gebracht und dem Können und Verdienst Vorrang vor der Geburt gegeben. Der Aufstieg von Nichtadeligen zu höheren Ämtern ist unter Friedrich Wilhelm I. in Preußen bekanntlich leichter gewesen als unter seinem aufgeklärten Sohn, der noch nach dem Siebenjährigen Krieg bewährte bürgerliche Offiziere wieder entließ. Die Rationalisierung des Militärwesens und der Kriegführung war nicht erst das Ziel aufgeklärter Politik; Friedrich hat weder die Behandlung des gemeinen Mannes humaner gemacht noch den gebildeten Offizier zum Leitbild erhoben. Die Zielvorstellung, Militär, Verwaltung und Justiz müßten mit der Perfektion einer Maschine funktionieren, die durch den einzigen Willen des Monarchen in Gang gehalten werde, kann nur insofern der Aufklärung zugeschrieben werden, als damit die Ausschaltung von Willkür und die Anerkennung aller Teile des Staatsapparates in ihrer Wichtigkeit gemeint war.

Der in Preußen nach dem Siebenjährigen Krieg erreichte und viel bewunderte hohe Grad staatlicher Organisation war doch mehr das Ergebnis strenger Disziplinierung und permanenter Kontrolle der Beamten, rabiater Steuererhebung und noch rabiaterer Rekrutenerfassung als der Einsicht der Regierten – von der Friedrich nichts hielt – in die Weisheit der Regierung. Daran hatte sich nach 1740 nichts geändert. Friedrich war auch weit davon entfernt, die Struktur der Ständegesellschaft ändern zu wollen; er befestigte sie noch durch Maßnahmen zur Erhaltung der wirtschaftlichen Basis des grundbesitzenden Adels. Zur Verbesserung der Rechtsstellung der Bauern, zur Hebung des Gesundheitsstandes der Bevölkerung und zum Ausbau des Landschulwesens geschah in anderen deutschen Staaten mehr als in Preußen.

Bleibt demnach vom aufgeklärten Regiment Friedrichs, der seine Herrscherrechte wie nur je ein Repräsentant des Gottesgnadentums in Anspruch nahm und in seiner Herrschaftspraxis ganz dem Absolutismus verhaftet blieb, nur übrig, daß er persönlich ein aufgeklärter Geist war? Wo fand sein

---

20 Vgl. *Marc Raeff,* The Well-ordered Police State. Social and Institutional Change through Law in the Germanies and Russia 1600 - 1800, New Haven und London 1983.

aufgeklärtes Verständnis des Herrscheramtes als übertragene Pflicht, zum Wohle der Regierten zu arbeiten, Umsetzung in eine Reformpolitik mit dem Ziel, aus Untertanen Staatsbürger zu machen? War die Hoffnung vieler, nicht nur preußischer Aufklärer, dieser Monarch werde seine Macht nutzen, aufgeklärte Grundsätze in der Politik zur Geltung zu bringen, eine Täuschung, eine politikferne Utopie? War auch Friedrich nur ein Autokrat ohne Bereitschaft, die Zügel seiner Herrschaft zu lockern? Oder erkannte er, daß aufgeklärte Reformen das bestehende politische und soziale System schließlich in Frage stellen mußten? An Friedrich wird die Diskrepanz zwischen politischer Theorie und politischer Praxis, die ein Grundproblem der Aufklärung war, beispielhaft evident.

In seiner berühmten Antwort auf die Frage „Was ist Aufklärung?“ stellte Immanuel Kant 1783 nüchtern fest, zwar seien aufgeklärte Zeiten noch lange nicht eingetreten, das Zeitalter der Aufklärung aber sei angebrochen, seit Hindernisse gegen den Ausgang der Menschen aus ihrer selbstverschuldeten Unmündigkeit weggeräumt würden. Dafür galt ihm das friderizianische Preußen als Beweis. „Ein Fürst, der es seiner nicht unwürdig findet, zu sagen: daß er es für Pflicht halte, in Religionsdingen den Menschen nichts vorzuschreiben, sondern ihnen darin volle Freiheit zu lassen, der also selbst den hochmütigen Namen der Toleranz von sich ablehnt, ist selbst aufgeklärt und verdient von der dankbaren Welt und Nachwelt als derjenige gepriesen zu werden, der zuerst das menschliche Geschlecht der Unmündigkeit, wenigstens von Seiten der Regierung, entschlug und jedem frei ließ, sich in allem, was Gewissensangelegenheit ist, seiner eigenen Vernunft zu bedienen[21].“ In der Tat bedeutete religiöse Toleranz, noch mehr der prinzipielle Verzicht der Regierung auf Vorschriften in Religionsangelegenheiten für die Gebildeten den Anfang freier Selbstbestimmung und öffentlicher Meinungsfreiheit, den Anfang und, wie sie annahmen, den entscheidenden Schritt auf dem Wege zu einer aufgeklärten Gesellschaft. Friedrich sei, heißt es bei Kant, noch weiter gegangen, indem er eingesehen habe, „daß selbst in Ansehung seiner Gesetzgebung es ohne Gefahr sei, seinen Untertanen zu erlauben, von ihrer eigenen Vernunft öffentlichen Gebrauch zu machen und ihre Gedanken über eine bessere Abfassung derselben, sogar mit einer freimütigen Kritik der schon gegebenen, der Welt öffentlich vorzulegen“. Es hatte großen Eindruck gemacht, daß die im Entwurf fertiggestellten Teile des „Allgemeinen Landrechts der preußischen Staaten“ nicht nur ständischen Kommissionen zur Begutachtung, sondern auch der Öffentlichkeit zur Kritik vorgelegt wurden.

Beide von Kant genannten Beispiele aufgeklärter Politik dürfen in ihren Intentionen wie in ihrer praktischen Bedeutung nicht überschätzt werden.

---

[21] Beantwortung der Frage: Was ist Aufklärung? Hier zitiert nach: *Immanuel Kant,* Werke in zehn Bänden, hrsg. von Wilhelm Weischedel, Bd. 9, Wiesbaden 1964, 60.

Friedrich war religiös gleichgültig; der Streit um konfessionelle Unterschiede galt ihm als Gezänk machtgieriger Pfaffen. In einem Lande mit multikonfessioneller Bevölkerung jeden nach seiner Façon selig werden zu lassen, gebot schon die politische Vernunft, bedeutete aber noch keine faktische Chancengleichheit für Katholiken, geschweige denn für Juden. Und eine öffentliche Kritik der Gesetzgebung wurde doch nur von Sachkennern an Entwürfen zu einem subsidiären Gesetzbuch erwartet, das zu Friedrichs Zeit nicht mehr fertig wurde und – bei aller Leistung aufgeklärten juristischen Denkens der Autoren – „ein getreues Spiegelbild des friderizianischen Preußen mit allen seinen Widersprüchen zwischen Absolutismus und Menschenrechten, Gleichheitsidee und ständischen Privilegien" (Th. Schieder) geworden ist[22]. In der Tat läßt sich diese Widersprüchlichkeit am „Landrecht" besonders deutlich aufweisen. Grundsätze eines vernunftrechtlichen Gesellschaftsmodells, u.a. die Anerkennung von Menschenrechten, die Gleichheit vor dem Gesetz, die Geltung des Leistungsprinzips, sind verkoppelt mit der Festschreibung der ständischen Gliederung. Diese allerdings wird aus einer geburtsständischen in eine funktionsständische uminterpretiert; ständische Unterschiede werden durch die unterschiedlichen Aufgaben der Stände im Staate legitimiert, wobei diese Aufgaben als solche interpretiert werden, die den Ständen vom Landesherrn zugewiesen sind. Damit ist die Ständegesellschaft zwar theoretisch in den Staat integriert, zugleich aber politisch und rechtlich sanktioniert. In historischer Perspektive allerdings bedeutete diese Umfunktionierung der Ständeordnung doch mehr als eine bloße Uminterpretation, nämlich eine Infragestellung ihrer tradierten Geltung und einen Schritt auf dem Wege zu ihrer Auflösung. Das gilt analog für die Selbstdarstellung des Monarchen als „ersten Diener" des Staates, für das Verständnis monarchischer Herrschaft als Dienst und Pflicht, für die naturrechtliche Interpretation des Staates als Organisationsform einer vertraglich zustandegekommenen Gesellschaft, für das Verständnis von Ämtern als staatliche Auftragsagenturen, von Amtsträgern als Staatsdiener.

Freilich war die staatlich integrierte Ständegesellschaft nicht schon eine staatsbürgerliche Gesellschaft, und die als Äquivalent für besondere staatliche Inanspruchnahme verstandenen Privilegien des Adels bedeuteten mehr als sozialen Vorrang, nämlich politische Macht. Das Pflichtverständnis des persönlich regierenden Monarchen machte sein Regiment nicht milder, sondern strikter. So mußte es schließlich zum Hemmschuh für eine Entwicklung werden, die es selbst in Gang gesetzt hatte. Folgenlos sind jedoch die Verstaatlichung der ständisch-feudalen Gesellschaftsstruktur, die rationale Begründung von Staat und Regierung nicht geblieben. Der aufgeklärte Fürst gab einem rationalen Transformationsprozeß von Gesellschaft und Staat Impulse, die über den Rahmen hinausreichten, den er selbst seiner

---

[22] *Schieder,* Friedrich der Große (Anm. 3), 293.

Staatspraxis zog. Immanuel Kant meinte, gerade der aufgeklärte Fürst könne sagen, was in einem Freistaat nicht möglich sei: Räsoniert, aber gehorcht! Gerade ein relativ geringer Grad bürgerlicher Freiheit biete die Gewähr, daß die Freiheit des Geistes ohne Gefährdung der Regierung zunehme. Allmählich werde sich freies Denken ausbreiten, die Sinnesart des Volkes wandeln und schließlich auch auf die Grundsätze der Regierung zurückwirken, die es dann „ihr selbst zuträglich findet, den Menschen, der nun mehr als Maschine ist, seiner Würde gewiß zu behandeln“[23].

Ob König Friedrich der langfristigen Prognose des Königsberger Philosophen zugestimmt hätte, mag dahingestellt bleiben. Er dachte skeptischer als dieser über die Möglichkeit, das Volk der „Freiheit zu handeln“ fähig zu machen. Es dahin zu bringen, war nicht das Ziel seiner Politik. Kants Interpretation des Prozesses der Aufklärung, den er durch Friedrich angestoßen sah, macht indes auf etwas aufmerksam, was für die Beurteilung Friedrichs und seines Regiments wichtig ist: auf Wirkungen seines Denkens und Handelns, die weit über das hinausgingen, was er beabsichtigt und getan hat. Friedrich war zur Personifikation aufgeklärten Herrschertums, zum Ziel von Erwartungen auf politischen Wandel geworden. Hatte er nicht gezeigt, daß Regierung mehr als Verwaltung von Macht, nämlich gestaltende Verbesserung nach vernünftigen Grundsätzen sein konnte? Hatte er nicht dem Prinzip Geltung verschafft, daß auch in der unbeschränkten Monarchie Recht und Gesetz vor Macht gehen? Hatten sich nicht unter seiner Regierung Glaubens- und Meinungsfreiheit regen, Patriotismus und Staatsbewußtsein entwickeln können? Hatte er nicht ein Beispiel dafür gegeben, was in Bewegung gesetzt und erreicht werden konnte, wenn Geist und Macht zusammentrafen? Die Idealisierung dieser Symbiose ist zu einem Element der deutschen politischen Kultur geworden – ein widersprüchliches, für das Friedrich nicht verantwortlich gemacht werden kann, sondern diejenigen, die seine Staatspraxis nachträglich idealisiert haben.

---

[23] *Kant* (Anm. 21), 61.

Friedrich der Große und das Bildungswesen im Staat des aufgeklärten Absolutismus*

Von Karl-Ernst Jeismann, Münster

I.

Die Bemühungen Friedrichs des Großen um das Bildungswesen blieben für die historische Wissenschaft eine Marginale seiner Politik. Ranke verlor in seinem großen Aufsatz für die Allgemeine Deutsche Biographie 1878 kein Wort darüber[1]. Für die im letzten Drittel des 19. Jahrhunderts aufblühende Hohenzollern-Historiographie gilt der gleiche Befund. Friedrichs auswärtige Politik und das wirtschaftliche Retablissement, seine Finanz- und allenfalls noch seine Justizpolitik standen im Vordergrund des Interesses. Erst die umfassende Friedrich-Biographie von Reinhold Koser arbeitete auch des Königs Bemühungen um Wissenschaft und Schule auf. Seine pädagogischen Reflexionen, etwa die konkreten Vorschriften für die Berliner Ritterakademie, die eingehenden Ratschläge für den Unterricht an Universitäten und Gelehrtenschulen sowie eine Reihe von Edikten zur Schulverbesserung, allen voran das Generallandschulreglement von 1763, hat Koser sorgfältig dargestellt und auf die beachtliche Neugründung von Elementarschulen, vor allem in den neugewonnenen Provinzen Schlesien und Westpreußen hingewiesen[2]. Einen spürbaren Einfluß auf die Historiographie hat dieses Kapitel der Biographie nicht gewonnen. – Otto Hintze betonte 1915, daß die Erziehung „zur wirtschaftlichen Arbeit und zu militärischen und finanziellen Leistungen für den Staat die erste Stelle“ in dem „großen Volkserziehungsprozeß“ eingenommen habe, als den er metaphorisch die Regierungsweise Friedrichs bezeichnete[3]. Wenn der erste Satz seines auf exzellenter Kennerschaft der inneren Politik Preußens beruhenden Buches

---

* Überarbeitete Fassung eines Vortrags während der Tagung der Historischen Kommission zu Berlin vom 18. - 20. August 1986.

[1] *Leopold von Ranke,* Friedrich II., König von Preußen, in: Allg. deutsche Biographie, Bd. VII, 656 - 685; s. auch Sämmtliche Werke, Leipzig 1867 - 1890 Bd. 51/52, 357 ff.

[2] *Reinhold Koser,* Geschichte Friedrichs des Großen, 1. Aufl. 1889; 4. u. 5. erweiterte Aufl. 1912; 6. u. 7. Aufl. 1921 - 25; Nachdruck Darmstadt 1963, Bd. 3, 438 - 484.

[3] *Otto Hintze,* Die Hohenzollern und ihr Werk. 500 Jahre vaterländischer Geschichte, Berlin 1915, 400. Sehr zurückhaltend vermerkt er, der Gedanke der allgemeinen Schulpflicht sei, „wenn nicht verwirklicht, doch im Prinzip festgehalten und, soweit es die dringenderen Aufgaben der Staatsräson gestatteten, weiter gefördert worden“.

„Die Hohenzollern und ihr Werk" erklärt: „Der preußische Staat ist eine Schöpfung der Hohenzollern", so war das Schul- und Bildungswesen stillschweigend ausgenommen. Gerhard Ritter, gewiß nicht hyperkritisch gegenüber seinem Helden, konstatierte, daß „von Reformen des Schul- und Bildungswesens in Friedrichs Regierung wenig zu berichten ist"[4]. So gut wie nichts darüber sagen auch die beiden jüngeren ausländischen Biographien von G. P. Gooch und P. Gaxotte. Immerhin erwähnen sie wenigstens noch den Namen des Mannes, dem Friedrich im letzten Drittel seiner Regierungszeit die Sorge für die Reform der Schulen anvertraute; die beiden jüngsten biographischen Darstellungen von Theodor Schieder und Ingrid Mittenzwei hingegen erwähnen Karl Abraham von Zedlitz, den man mit einiger Übertreibung und einem Kern Wahrheit den ersten preußischen Unterrichtsminister genannt hat, nicht einmal mehr im Personenregister ihrer Bücher[5]. Blieb das Preußen Friedrichs des Großen von den energischen staatlichen Zugriffen auf das Erziehungswesen, wie es die Staaten des aufgeklärten Absolutismus gegen Ende des 18. Jahrhunderts kennzeichnet, weitgehend unberührt?

Die Geschichtsschreibung der Pädagogik zeichnet ein anderes Bild. In den Jahren um den 100. Todestag des Königs erschienen eine Reihe bis heute wichtiger Untersuchungen. Friedrich Paulsen hatte schon 1884 ein differenziertes Bild der Bemühungen des preußischen Staates um das Bildungswesen zur Zeit Friedrichs gezeichnet. „Trotz aller Versicherung des Gegenteils", urteilt er, habe der König „unmittelbar ... für Universitäten, Schulen und Volksbildung wenig getan; sein Interesse war diesen Dingen ursprünglich nicht zugewendet, es gehörte der Literatur und Philosophie." Erst in den letzten beiden Jahrzehnten seiner Regierung habe er sich auch jener etwas mehr angenommen. Mittelbar freilich übte der König „durch seinen Einfluß auf die Denkweise seiner Zeitgenossen" eine bedeutsame Einwirkung aus, und immerhin habe er durch den Minister von Zedlitz Reformen vornehmen lassen, die freilich nicht – trotz aller lebhaften literarischen Bekenntnisse des Königs zum Werte der Bildung – die Kassen belasten oder die ständische Ordnung verrücken durften[6]. Conrad Rethwischs Untersuchung über die Tätigkeit des Freiherrn von Zedlitz zeichnete die Schwierigkeiten, aber auch die Aktivitäten des Ministers und die Unterstützung seiner

---

[4] *Gerhard Ritter,* Friedrich der Große. Ein historisches Profil, 1. Aufl. 1936, Neuauflage Heidelberg 1954, 205ff.

[5] *George Peabody Gooch,* Friedrich der Große. Herrscher, Schriftsteller, Mensch (London 1947), dt. mit einem Geleitwort von Willy Andreas, Göttingen 1950; *Pierre Gaxotte,* Friedrich der Große, erw. und bearb. Fassung der Übers. von H. Dühring, 3. Aufl. Frankfurt, Berlin, Wien 1974; *Ingrid Mittenzwei,* Friedrich II. von Preußen. Eine Biographie, 3. überarbeitete Auflage, Köln 1983; *Theodor Schieder,* Friedrich der Große. Ein Königtum der Widersprüche, Frankfurt, Berlin, Wien 1983.

[6] *Friedrich Paulsen,* Geschichte des gelehrten Unterrichts auf den deutschen Schulen und Universitäten vom Ausgang des Mittelalters bis zur Gegenwart, 1. Aufl. 1884, Bd. 2 (Nachdruck der Aufl. von 1921, Berlin 1965), 69.

Arbeit durch den König in ihren Impulsen und Grenzen sorgfältig nach[7]. Fast gleichzeitig wurden „Friedrichs des Großen pädagogische Schriften und Äußerungen" in deutscher Übersetzung zusammengestellt und herausgegeben, eine bequeme Grundlage für weitere Darstellungen[8]. Die Panegyrik kam nun voll zu Worte. „Friedrich der Große als Erzieher seines Volkes" nannte Konrad Fischer 1886 seine Untersuchung, in deren Vorwort ein Schulrat Friedrichs Bildungspolitik mit den Bemühungen Karls des Großen verglich. Wie in einem Brennpunkt habe Friedrich das „frische Streben des pädagogischen Jahrhunderts ... zur kräftigsten Wirkung gesammelt"[9]. Alfred Heubaums Darstellung der „Geschichte des deutschen Bildungswesens seit der Mitte des 17. Jahrhunderts", deren einziger Band „bis zum Beginn der allgemeinen Unterrichtsreform unter Friedrich dem Großen 1763 ff." reicht, brachte die Perspektive voll zur Geltung, die schon in Paulsens Werk deutlich wurde und den späteren Untersuchungen zugrunde lag: die zweite Hälfte des 18. Jahrhunderts erschien als die Entstehungsphase des staatlichen Unterrichtswesens. Vor dem beherrschenden Interesse an der Ausweitung der Kompetenz des Staates als der Triebfeder der Unterrichtsreform, die auf „Verweltlichung, Verstaatlichung, Verbreiterung"[10] zielte, wurde die Geschichte des Bildungswesens im 18. vornehmlich zu einer Vorgeschichte der eingreifenden und regelnden Tätigkeit des Staates im 19. Jahrhundert.

Unter dieser Perspektive konnte aus der vorsichtig abwägenden Beurteilung der Arbeit des Königs für das Bildungswesen die Konstruktion seiner Rolle als Vorläufer der preußischen Bildungsreform und des Aufstiegs des deutschen Bildungswesens im 19. Jahrhundert werden. Mit anderem Vorzeichen wurde diese Perspektive aber auch zum Anlaß schärfster Kritik an den Versäumnissen des Königs angesichts der retrospektiv ihm zugemessenen Aufgabe. Aus der demokratischen Schweiz kam der Widerspruch gegen die Heroisierung des Königs zum Volkserzieher. Robert Seidel veröffentlichte 1885 eine scharfe Polemik gegen die Stilisierung Friedrichs zum Schulreformer[11]. Des Königs schriftstellerische Ausführungen über die Erziehung

---

[7] *Conrad Rethwisch,* Der Staatsminister Freiherr von Zedlitz und Preußens höheres Schulwesen im Zeitalter Friedrichs des Großen, 2. Aufl. Berlin 1886.

[8] *Jürgen Bona Meyer,* Friedrichs des Großen pädagogische Schriften und Äußerungen. Mit einer Abhandlung über Friedrichs des Großen Schulreglement nebst einer Sammlung der hauptsächlichsten Schul-Reglements, Reskripte und Erlasse, Langensalza 1885.

[9] *Konrad Fischer,* Friedrich der Große als Erzieher seines Volkes. Ein Gedenkbuch zum 100. Jahrestage seines Todes 17. August 1786. Mit einem Vorwort von Dr. Joh. Christ. Gottlob Schumann, Trier 1886.

[10] *Friedrich Paulsen,* Das deutsche Bildungswesen, 1. Aufl. Berlin 1906 (Nachdruck Darmstadt 1966), 171; s. auch *ders.* (Anm. 6), 685; *Alfred Heubaum,* Geschichte des deutschen Bildungswesens seit der Mitte des 17. Jahrhunderts. Bd. 1, Das Zeitalter der Standes- und Berufserziehung, Berlin 1905.

[11] *Robert Seidel,* Friedrich der Große, „der Heros der deutschen Volksbildung und Volksschule", Wien 1885.

seien folgenlos für sein Handeln und hinter der Entwicklung der pädagogischen Diskussion des Jahrhunderts zurückgeblieben. Zwar habe er Wolff nach Halle zurückgeholt, aber für die Universitäten nichts getan, von den Professoren nichts gehalten, die neu sich entwickelnde Staatswissenschaft eher gehemmt. Künstlerisches und wissenschaftliches Leben am preußischen Hof hielten trotz der Tafelrunde von Sanssouci keinen Vergleich mit anderen Höfen aus – etwa mit der Blüte der Künste im gustavianischen Schweden. Friedrichs Großvater hatte die Akademie gegründet und durch große Männer bedeutend gemacht: Leibniz, Pufendorf, Thomasius. Friedrich hat sie zwar wieder begründet, aber zugleich sterilisiert. Für die Abteilungen der Akademie, die Bedeutendes leisteten, für die Naturwissenschaften, zeigte er kein Interesse. Hatte sein Vater mit religiösem und politischem Eifer das Volksschulwesen wieder aufgebaut und den Grund staatlicher Schulhoheit gelegt, so war Friedrich bei diesem Stand stehengeblieben. Das vielgerühmte Generallandschulreglement, vom pietistischen Geist geprägt und keineswegs der Aufklärung verpflichtet, galt nur für einen begrenzten Sektor. Verglichen mit der Entwicklung des gothaischen Schulmethodus blieb es rückständig. Wo es versuchte, die materiellen Grundlagen der Schulen zu verbessern und die Rechte der Patrone im Sinne der Reformer einzugrenzen, wurde es bald förmlich außer Kraft gesetzt. Den Minister Zedlitz habe Friedrich punktuell flickschustern lassen. Die große Aufgabe, ein ineinandergreifendes Staatsschulwesen zu schaffen oder wenigstens anzustreben, konnte dieser zu Friedrichs Lebzeiten nicht angreifen. Eigentlich habe Friedrich Volksbildung wohl gar nicht gewollt, anders als Joseph II., wie sein zum geflügelten Wort gewordenes Diktum aus dem Kabinettsschreiben an Zedlitz vom 5. September 1779 deutlich zeige: „... sonsten ist es auf dem platten Lande genug, wenn sie ein bisgen lesen und schreiben lernen, wissen sie aber zuviel, so laufen sie in die Städte und wollen Secretairs und so was werden; deshalb muß man auf'n platten Lande den Unterricht der jungen Leute so einrichten, daß sie das Nothwendige, was zu ihrem Wissen nöthig ist, lernen, aber auch in der Art, daß die Leute nicht aus den Dörfern weglaufen, sondern hübsch dableiben“[12].

Der Mangel an Geld, der von den Laudatoren der Bildungspolitik Friedrichs immer entschuldigend angeführt wird, gilt dieser Kritik nicht als Entschuldigungsgrund. Schon Paulsen hat kritisch angemerkt: „Hätte der König die Hälfte von dem, was er für Luxusbauten seit 1763 aufwendete, für die Errichtung von Schullehrerseminaren und die Dotation von Lehrerstellen verwendet, so hätte er seinem Land einen leistungsfähigen Lehrerstand schaffen können[13].“ Es gibt pietätlosere Kritik: Zwei Millionen kostete der unnütze Prestigebau, das Neue Palais in Potsdam, 1,75 Millionen Taler war

---

[12] Das Kabinettsschreiben bei *Bona Meyer* (Anm. 8), 167 - 170.

[13] *Paulsen* (Anm. 10), 70.

die Sammlung von Tabakdosen und ähnlichem „Schnickschnack“[13a] wert, die der König hortete. Das Schulwesen mußte sich mit spärlichen Zinsen aus den in Millionenhöhe gehenden Subventionen für den Landadel und gelegentlichen, weit unter dem Beantragten bleibenden Zuschüssen begnügen – umgerechnet aufs Jahr kamen etwa 6 - 7000 Taler aus königlicher Schatulle dem Schulwesen zugute. Man vergleiche damit die Summe, die Gottfried van Swieten als Präsident der Studienhofkommission unter Joseph II. für die Volksschulen zur Verfügung standen[14]!

Unter dem Maßstab eines modernen, staatlichen Schulwesens wurde also eine Legitimations- oder Desillusionshistorie geschrieben; sie war den erkenntnisleitenden Interessen der jeweiligen Gegenwart unmittelbar verpflichtet. Eine ähnliche historiographische Doppelfigur hat man am Bei-

---

[13a] Mit diesem Begriff nimmt *Rudolf Augstein,* Preußens Friedrich und die Deutschen, Frankfurt a. M. 1971 (Fischer Taschenbuch 1212), 109, diese Kritik *Seidels* (Anm. 11, 39 - 101) wieder auf.

[14] *Robert Seidel* macht folgende Rechnung auf (Anm. 11, 100 ff.):

„... Stellen wir die ökonomischen Leistungen Friedrichs für die Volksschule zusammen:

Jährlich 600 Taler für das Hecker'sche Seminar, gibt zu 5% kapitalisirt	Rtlr.	12,000
1771 stiftete er ein Kapital für die Kurmark von	Rtlr.	100,000
dessen Zinsen zur Aufbesserung der Lehrergehalte verwandt werden sollten, und		
1772 legte er im neuerworbenen Netzedistrikt, der durch die Teilung Polens an Preußen gefallen war, einen Fond von	„	200,000
zum Ankauf von Schulgütern an, deren Erträge zur Dotirung von Schulstellen bestimmt wurden.		
Macht nach Adam Riese Summa Summarum	Rtlr.	312,000
während seiner 46-jährigen Regierung, also auf das Jahr rund	„	6,782
Der Spassmacher Voltaire aber, wie er ihn selbst nennt, kostete ihn während nicht ganz drei Jahren mindestens	„	30,000
also im Jahre	„	10,000
Für das gesamte Volksschulwesen	„	6,782
für einen Spassmacher ein und ein halbmal mehr.		

Noch schreiender wird das Missverhältnis, wenn man die Ausgaben für das Heer mit denen für die Volksschule vergleicht.

Nach Friedrich's eigener Berechnung belief sich schon 1752, also noch vor Einführung des französischen Steuerwesens und des Tabak- und Kaffeemonopols und vor Einverleibung Polens, die Gesamteinnahme des Staates auf 13,150,000 Taler. Da nun nach Friedrich's eigenen Worten „die Armee die erste Sorge und das hauptsächlichste Studium eines Königs sein muss“ und für ihn auch war, so verwendete er zwei Drittel der Staatseinnahmen darauf, also jährlich .... 8,766,667 Taler oder 1292 mal mehr, als auf die Volksschule. Rechnen wir aber für die spätere Zeit, in der ja auch erst die größern Ausgaben für die Volksschule gemacht wurden, die Staatseinnahmen auch nur auf 15,000,000 Taler, so betragen die Ausgaben für das Heer, welches unter Friedrich von 83,000 auf 200,000 Mann gebracht wurde, 1474 mal mehr als die für den Volksunterricht.

Wir denken, diese Tatsachen sind so beredt, dass sie keines weitern Wortes bedürfen.“

Für den österreichischen Bildungsetat s. *Ernst Wangermann,* Aufklärung, Staat und staatsbürgerliche Erziehung. Gottfried van Swieten als Reformator des österreichischen Bildungwesens, München 1978, 43. Danach erhöhte Joseph II. den zentralen Schulfond zwischen 1781 und 1789 von ca. 100 000 auf ca. 700 000 Gulden.

spiel der Geschichtsschreibung der theresianischen Reformen festgestellt: „Zwischen Glorifikation und Subversion“ pendelt danach schon seit Metternichs Zeit die Deutung der Bildungspolitik der Kaiserin[15].

In der modernen historischen Bildungsforschung ist nun mit steigendem Nachdruck die Perspektive, daß der Staat des Absolutismus bereits ein Schulstaat gewesen sei oder es doch hätte sein sollen, durch eine den Zuständen und Vorstellungen des 18. Jahrhunderts angemessenere Auffassung vom Verhältnis zwischen Schule und absolutistischem Staat korrigiert worden. Mit Entschiedenheit hat jüngst Wolfgang Neugebauer gefordert, die Schule im absolutistischen Staat in ihrer realen Existenz unter den Bedingungen ihrer Zeit zu analysieren, nicht Vorstellungen der späteren Jahrhunderte in das 18. hineinzutragen und daraus Urteile und Wertungen zu folgern, die in der historischen Realität keine Entsprechung haben[16].

Erziehung und Schule im real existierenden Absolutismus waren nicht Sache des Staates und seiner Verwaltung, sondern der Kirche, der Gemeinde, der Patrone, der Eltern oder der sie substituierenden gesellschaftlichen Instanzen. Der Staat war nicht Schulherr. Die Reformpostulate wurden getragen von einer aufklärerischen Gesellschaftsbewegung, die außerhalb des Staates und jenseits der alten sozialen Ständegliederung im gebildeten und lesenden Publikum entstand: Professoren, Schriftsteller, Geistliche, Schulmänner, gebildete Bürger und Adelige, insgesamt eine neue, nicht mehr in die Ständeordnung passende Elite, die sich in Klubs, Gesellschaften und durch publizistische Kommunikation organisierte und nur durch „Personalunion“ in die staatliche Verwaltung hineinreichte, soweit gebildete Beamte ihr angehörten[17]. Hier wurde ein Bildungspro-

---

[15] *Gerald Grimm / Wilhelm Kersche / Elmar Lechner,* Zwischen Glorifikation und Subversion. Der Funktionswandel der pädagogischen Historiographie in Österreich am Beispiel der Darstellung der theresianischen Schulreform – systematische Untersuchung und Reflexion in Hinsicht auf seine forschungstheoretische Bedeutsamkeit, in: Didaktische Reflexionen und Wissenschaft in einer sich ändernden Welt, Klagenfurt 1984, 119 - 177.

[16] *Wolfgang Neugebauer,* Absolutistischer Staat und Schulwirklichkeit in Brandenburg-Preußen, Berlin 1985. Vgl. die Einleitung und die Zusammenfassung der Ergebnisse 625ff. passim. Dort auch die Verweise zur einschlägigen Absolutismusforschung und die Auseinandersetzung mit jüngeren Untersuchungen zur Schule im 18. Jahrhundert, auf die hier verwiesen werden kann. Die Distanz zwischen Schule und Staat ist schon hervorgehoben bei *Manfred Heinemann,* Schule im Vorfeld der Verwaltung. Die Entwicklung der preußischen Unterrichtsverwaltung von 1771 - 1800, Göttingen 1974, s. etwa 56, Anm. 53 und *Karl-Ernst Jeismann,* Das preußische Gymnasium in Staat und Gesellschaft. Die Entstehung des Gymnasiums als Schule des Staats und der Gebildeten, Stuttgart 1974, 46ff.

[17] Aus der breiten Literatur vgl. *Ulrich Herrmann* (Hrsg.), Das pädagogische Jahrhundert. Volksaufklärung und Erziehung zur Armut im 18. Jahrhundert in Deutschland, Weinheim, Basel 1981 und *ders.* (Hrsg.), Die Bildung des Bürgers, Weinheim, Basel 1982; *Otto Dann* (Hrsg.), Lesegesellschaften und bürgerliche Emanzipation. Ein europäischer Vergleich, München 1975; *Wolfgang Ruppert,* Bürgerlicher Wandel. Die

gramm entwickelt, das sich als allgemein menschheitlich verstand und zugleich die politischen und sozialen Interessen dieser Gruppe ausdrückte. Mit dem Staatswohl berührte sich diese Bewegung insofern, als durch Hebung der Bildung eine gesteigerte Brauchbarkeit und gehobene Moral der Bürger in Aussicht gestellt und, etwa in den Programmen der Kameralisten, gleichsam als Produktivfaktor eingeschätzt wurde[18]. Im übrigen aber waren sowohl die staatlichen Behörden wie vor allem die ständischen Gewalten, auf die der Staat sich in seinen lebenswichtigen Sektoren stützte, offene oder potentielle Gegner moderner Bildungsreformen. Eine Verbesserung des Unterrichts kostete überall Geld und entzog Arbeitskraft. Die Frage war, wie weit die aufklärerische Bildungsbewegung eine aufgeklärte Beamtenschaft oder gar einen aufgeklärten Herrscher zum Bundesgenossen gegen diese, das Schulwesen weitgehend beherrschenden Untergewalten mobilisieren konnte.

Auf diese soziale und geistige Bewegung konzentriert sich die neue bildungs-, sozial- und mentalgeschichtliche Forschung zum 18. Jahrhundert. Die Frage nach der Rolle des Monarchen scheint zunehmend unergiebiger zu sein[19].

Freilich: die alte Perspektive der pädagogischen Geschichtsschreibung im späten 19. und frühen 20. Jahrhundert war nicht ohne jede Berechtigung. Der aufgeklärte Absolutismus war die Inkubationszeit des staatlichen Bildungswesens. Mochte die Wirklichkeit der Schule der staatlichen Einwirkung nicht oder nur punktuell zugänglich sein, programmatisch wurde der Zugriff des Staates auf das Schulwesen zunehmend fordernder. Auch die Bildungsreformer selbst drängten gegen Ende des Jahrhunderts mit größerer publizistischer Kraft den Staat in die Schule hinein. Eine „Revolution“ versprach sich Joachim Heinrich Campe von der Verbindung zwischen Staat

---

Geburt der modernen deutschen Gesellschaft im 18. Jahrhundert, Frankfurt 1981. Aus der älteren Literatur vgl. *Hans Geerth,* Die sozialgeschichtliche Lage der bürgerlichen Intelligenz um die Wende des 18. Jahrhunderts. Ein Beitrag zur Soziologie des deutschen Frühliberalismus, Berlin 1935 und *Hans Weil,* Die Entstehung des deutschen Bildungsprinzips, Berlin 1930 (2. Aufl. 1967). Vgl. *Horst Möller,* Wie aufgeklärt war Preußen? in: Geschichte und Gesellschaft, Sonderheft 6: Preußen im Rückblick (1980), 176 - 201.

18 Vgl. *Karl-Heinz Osterloh,* Joseph von Sonnenfels und die österreichische Reformbewegung im Zeitalter des aufgeklärten Absolutismus. Eine Studie zum Zusammenhang von Kameralwissenschaft und Verwaltungspraxis, Lübeck, Hamburg 1970, 2. Teil, Kap. VII, 234ff. und *Ingrid Mittenzwei,* Preußen nach dem Siebenjährigen Krieg. Auseinandersetzungen zwischen Bürgertum und Staat um die Wirtschaftspolitik, Berlin 1979, Kap. IV, 2, Der Kameralismus an preußischen Universitäten, 208ff. Zum Gesamtzusammenhang s. *Erhard Dittrich,* Die deutschen und österreichischen Kameralisten, Darmstadt 1974, insbes. Kap. VI.

19 Vgl. insgesamt den Artikel von *Rudolf Vierhaus,* Bildung, in: Geschichtliche Grundbegriffe. Historisches Lexikon zur politisch-sozialen Sprache in Deutschland, hrsg. von O. Brunner / W. Conze / R. Koselleck, Bd. 1, Stuttgart 1972.

und Bildungsbewegung: „Um sie zu bewirken, müßten sich Einsicht, Macht und Geld vereinigen. Welch ein Bündnis! Wird es je geschlossen werden[20]?“

Die Bündnisbedingungen wurden im späten 18. Jahrhundert getestet. Ob das Verhältnis der Partner eine societas leonis der Bildungsbewegung mit dem Staat wurde, ob der Staat sich ein trojanisches Pferd in die Mauern seiner politischen und sozialen Ordnung zog, ob beide ihren Vorteil in freier Wechselwirkung finden würden, dieses Verhältnis wurde in der Inkubationszeit durch die Stellung des Staates zum Bildungswesen und also auch durch die Haltung des aufgeklärten Fürsten mitbestimmt. So ist die Frage nach der Stellung des Monarchen zur Entwicklung des Bildungswesens im 18. Jahrhundert vielleicht doch nicht obsolet oder eine bloße Reverenz vor dem Jubiläum des Jahres 1986.

II.

Eine so verästelte, eigentümlich und tief in der Gesellschaft verankerte, jedermann in seinem Hause aufgetragene und berührende Angelegenheit wie die Erziehung der Kinder, die, obgleich durch Schulen oder Universitäten gestützt und gefördert, doch immer eine Angelegenheit der Eltern blieb, lag weder faktisch noch rechtlich im Rahmen der Kompetenzen des absolutistischen Staates – schon gar nicht dort, wo auf dem Land der überwiegende Teil der Heranwachsenden mit der Schule nur in wenigen Wintermonaten, wenn überhaupt, in sporadische Berührung kam. Zwar prätendierte der Landesfürst als summus episcopus die Fürsorgepflicht für die Bildung der Landeskinder und benutzte das landesherrliche Kirchenregiment, durch Reglements und Edikte Mängel des Schulwesens zu beheben. Aber als Schulherr konnte er sich nur dort verhalten, wo er als Patron einer Schule die gleiche Funktion hatte wie andere Patrone[21], Magistrate oder durch Stiftungen gegründete Gremien auch. Die Dorfschulen standen unter den Domänenpächtern; selbst berühmte Gymnasien fanden nur selten die Aufmerksamkeit des Königs[22]. Nur dort, wo eine Bildungsanstalt in unmittelbarer Nähe zum Hof stand und seinem Glanz diente, wie die Ritterakademie in Berlin oder die Akademie der Wissenschaften, wurde sie Gegenstand seines persönlich teilnehmenden Interesses. Friedrich stand in der absolutistischen Fürstentradition, wenn er die von seinem Vater aufgelöste Akademie der

[20] Allgemeine Revision des gesammten Schul- und Erziehungswesens, Teil 7, Hamburg 1787, 401.

[21] Vgl. *Neugebauer* (Anm. 16) und die kurze Darstellung des gleichen Verfassers, Verwaltungsstaat und Bildungswesen, in: Preußens großer König. Leben und Werk Friedrichs des Großen, hrsg. von W. Treue, Würzburg o. J. (eine Ploetz-Biographie), 70 - 80.

[22] Vgl. den Bericht über das Gespräch des Königs mit dem Direktor des Joachimthalschen Gymnasiums, Meyer-Otter, bei *Koser* (Anm. 2), Bd. 3, 475.

Wissenschaften 1744 wieder einrichtete – eher als eine Sache des Herrschers, der sie im eigentlichen Sinne regierte, als eine Einrichtung des Staates. Hier fühlte er sich als Schriftsteller und Denker, als Mitglied einer gelehrten Gesellschaft. Hier trug er auch – 1772 – jene Ansichten vor, die so positiv von der Bedeutung der Bildung und Wissenshaft handelten[23]. Hier sprach und schrieb der Philosoph; der Landesherr zog daraus nicht die Folgerung, eine staatliche Bildungspolitik zu treiben oder gar ein staatliches Unterrichtswesen zu errichten. Wie hätte das ohne Umbau der Staatsverwaltung geschehen sollen? Gab es doch nur zwei Minister, die sich ohne behördlichen Unterbau oder Fachpersonal mit dem Schulwesen als einem Nebengebiet des Kirchenwesens, das seinerseits dem Justizdepartement zugeordnet war, befaßten und sich allein auf die Konsistorien als geistliche Behörden stützen konnten. Wissenschaft und Bildung galten dem aufgeklärten König als für Staat und Mensch höchst wichtige Errungenschaften – sie in die Regie einer staatlichen Erziehungsorganisation zu nehmen, lag außerhalb einer realistischen Einschätzung der administrativen und finanziellen Möglichkeiten des Staates, so wie er war. Und verändern wollte Friedrich ihn offenkundig nicht!

Wohl konnte der Monarch für Schule und Wissenschaft wirken, wenn er seinen Beamten, den Patronen und Magistraten zeigte, daß er die Bedeutung der Schulen hoch schätzte und Verdienste auf diesem Gebiet auszeichnete. Daraus folgte das für den absolutistischen Staat typische Eingreifen in Einzelfällen. Wohlwollender Zuspruch, gutgemeinter Ratschlag, Mißfallensäußerungen im einzelnen, bisweilen auch Vorschriften aufgrund eingegangener Berichte gehörten zur Attitüde der absolutistischen Bildungspolitik, waren die Form, in der „ein weiser Fürst all seinen Eifer daransetzen muß, um in seinem Staate nützliche und tugendhafte Bürger zu erziehen“[24]. Dieses Interesse bedeutet nicht, daß Friedrich die Preisfrage seiner Akade-

---

[23] Rede über den Nutzen der Wissenschaften und Künste in einem Staate, *Bona Meyer* (Anm. 8), 231 - 238; die Instruktion für die Direktion der Ritter-Akademie zu Berlin, 194 - 200.

[24] Brief eines Genfers über Erziehung an Herrn Burlamaqui, Professor in Genf; *Bona Meyer* (Anm. 8), 220. Der König schickte diese Flugschrift von 1769 dem Minister des geistlichen Departements, v. Münchhausen, zur Kenntnis. Er begann damit das mit dessen Nachfolger, dem Freiherrn v. Zedlitz, fortgesetzte Gespräch über die Reform der Schulen. Kosers Urteil, daß der König hier, stärker eingreifend als in die Justizreform, „dem neuen Unterrichtsminister ... für seine Aufgabe auch die leitenden Gedanken mit auf den Weg“ gab (*Koser* [Anm. 2], Bd. 3, 469), überzieht wohl die Bedeutung des Einflusses des Königs (s. Anm. 25). Eher trifft zu, was *Johann Heinrich Gottlob Justi* in seinem Werk „Staatswirtschaft“ 1758 bemerkte (Zweyter Theil, 2. Aufl. 1758, § 512, S. 611): „... eine gnädige Audienz, eine kurze Unterredung, oder wenn Boileau in die Liste des kleinen Gefolges des Königes gesetzet wird, ist von mehrerer Wirkung zu Anreizung geschickter Köpfe, ob es gleich nur von mäßigem Aufwande begleitet wird, als wenn man große Summen zu Beförderung der Wissenschaften bey der Cammer auszahlen läßt, und dabey zu erkennen giebt, daß man sich aus verdienstvollen Gelehrten nicht das geringste machet.“

mie von 1780, ob der Staat sich in die Erziehung mischen solle, im Sinne der Etablierung des modernen Staatserziehungswesens entschieden hätte. Der aufgeklärte Fürst richtete in das Gebiet jenseits seiner Rechts- und Machtbefugnisse Appelle, ermunterte durch sein Eintreten die Ausbreitung der Wissenschaft und der höheren Erziehung, vor allem dort, wo auf Universitäten, Ritterakademien oder Gelehrtenschulen der Nachwuchs der Funktionselite erzogen wurde.

Das bekannte Kabinettsschreiben vom 5. September 1779 an Zedlitz zeigt diesen unsystematischen Zugriff. Mit bisweilen sehr konkreten Überlegungen zum Lehrplan verbinden sich kurze Charakterisierungen einzelner Schulen oder Regionen und die allgemeine Aufforderung, von Fall zu Fall die „landesväterliche Intention" durchzuführen – ganz offensichtlich in Einzelmaßnahmen, die je nach Lage unterschiedlich sein mußten[25]. Auch die Edikte, die in einzelnen Provinzen das Schulwesen regeln sollten, waren in Fortführung der Maßnahmen Friedrich Wilhelms I. Einzelvorschriften[26]. Selbst die weitgreifendste Maßnahme, das Generallandschulreglement von 1763, war keineswegs gesamtstaatlich, war überdies von einem vorsichtigen Realismus und nicht von einer staatlichen pädagogischen Regulierungssucht geprägt. Dennoch stieß es auf Widerstände, die der absolutistische Staat Friedrichs nicht überwinden konnte oder nicht überwinden mochte[27]. Selbst dort, wo der König als Patron selbst der Schulherr war, oder wo in den neu gewonnenen Provinzen, Schlesien und Westpreußen, die rechtlichen Verhältnisse für einen Zugriff weniger hemmend waren oder zu sein schienen, blieb es bei den schon von Friedrich Wilhelm I. praktizierten Maßnahmen des preußischen „Wohlfahrtsstaates"[28]: der Einrichtung einzelner neuer Schulen zum Zwecke der Verdichtung des Landschulnetzes, einzelnen, wenig wirksamen Visitationen und dem ebenso dringlichen wie erfolglosen Versuch, die Lehrerbildung generell zu verbessern[29]. Das war weder ein Vorgriff auf die kommende Staatsschule noch ein Zurückfallen hinter die Absichten und Maßnahmen Friedrich Wilhelms I., noch ein Beleg für „das merkwürdige Janusgesicht Friedrichs"[30]; es handelt sich um die Fort-

---

[25] *Bona Meyer* (Anm. 8), 167 - 170.

[26] Ebd., Schul-Reglements, Kabinetts-Reskripte und Ministerialerlasse von allgemeinerer Bedeutung, 89 - 183.

[27] Zur Erarbeitung und Ausführung des Generallandschulreglements vgl. *Eduard Clausnitzer,* Zur Geschichte der preußischen Volksschule unter Friedrich dem Großen. Eine archivalische Studie, in: Die Deutsche Schule 5 (1901), 342 - 366, 411 - 428. Über die Widerstände und die Zurücknahme insbesondere der finanziellen Folgen 362 ff.

[28] *Reinhold August Dorwart,* The Prussian Welfare State before 1740, Cambridge (Mass.) 1971, 167 ff.; *Ferdinand Vollmer,* Friedrich Wilhelm I. und die Volksschule, Göttingen 1909.

[29] *Neugebauer* (Anm. 16), 2. und 3. Kapitel, zur Rekrutierung, Besoldung und Bildung der Lehrer an Stadt- und Landschulen.

[30] *Seidel* (Anm. 11), 71.

führung herkömmlicher Herrschaftstechnik im absolutistischen Staat. Daß dabei die Förderung der Volksbildung, der Gelehrtenschulen und der Wissenschaft immer den Maximen der inneren Staatsräson untergeordnet blieb, daß die Förderung der Bildung weder die Statik der Ständegliederung verändern noch die Liquidität des Fiskus schmälern durfte, war selbstverständlich und zeigt, daß das Bildungswesen innerhalb der politischen Aufgaben für Friedrich eine sekundäre Rolle spielte. Dies läßt sich nicht nur aus seinem Räsonnement über die Landschulen und die Grenzen ihrer Bildungshöhe ablesen, sondern etwa auch aus dem wiederholten Verbot, an „ausländischen" Universitäten zu studieren[31].

Der Ausgabenetat, Probierstein der politischen Prioritätensetzung, zeigt am deutlichsten, daß Unterricht und Wissenschaften nicht als Angelegenheit des Staates galten. Nicht nur gemessen an dem Finanzbedarf der Armee, den Ausgaben für die Hebung der Landwirtschaft, die Entschuldung der Güter, die Bauten oder die Remontenanstalten, sondern auch gemessen an den als sparsam gelobten Ausgaben für die Hofhaltung blieben die den Schulen gewährten Zuschüsse Bagatellbeträge.

Aber ist es ein „Widerspruch" im Regierungskonzept des Königs, wenn er Wissenschaft und Bildung hochschätzte, ohne deshalb jedoch einen Schulstaat oder eine Bildungsgesellschaft heraufführen zu wollen? Friedrich blieb hier – wie sonst – theoretisch und praktisch innerhalb der Grenzen der politischen und sozialen Ordnung seiner Zeit. Innerhalb dieser Grenzen dazu beizutragen, „die Unwissenheit und Vorurteile zu bekämpfen, die Köpfe aufzuklären, die Sitten zu bilden und die Menschen so glücklich zu machen, als es sich mit der menschlichen Natur verträgt und als die Mittel gestatten, die ich darauf verwenden kann" ist die zutreffende, eigene Deutung der Intentionen Friedrichs II.[32].

III.

Pierre Gaxotte hat als „aufgeklärten Absolutismus" – ein Begriff, den deutsche Historiker im 19. Jahrhundert prägten – jenen Komplex politischer Ideen bezeichnet, „von der sich alle für Reformen eingenommene Herrscher, Minister und Schriftsteller dieser Zeit tragen ließen. Zu ihnen gehören außer Friedrich noch Katharina II., Joseph II., Gustav III., Leopold I. von Toskana ..., Graf Johann Struensee, Anne Robert Turgot ... und die großen Intendanten in der französischen Provinz". Das Adjektiv „aufgeklärt" bezogen sie auf die Begründung und die Art der Herrschaft, die von oben vernünftig für

---

[31] Die erste generelle Verordnung vom 19. Juni 1751, „daß die Landeskinder hinführo blos auf einheimischen Universitäten, Gymnasien und Schulen studieren sollen", bei *Bona Meyer* (Anm. 8), 92f.

[32] *Bona Meyer* (Anm. 8), 321.

das Wohl des Volkes sorgen sollte; es enthielt nicht die Verheißung umfassender Volksaufklärung und -bildung. Zur gesellschaftlichen Aufklärungsbewegung hatten sie in praktisch-politischer Absicht insofern ein wohlwollendes Verhältnis, als eine Verbesserung der Erziehung geeignet erschien, „... für jedes Fach eine Anzahl von Untertanen (zu) finden, die geschickt und fähig sind, die verschiedenen Ämter, die ihnen anvertraut werden müssen, mit Gewandtheit auszufüllen“[33].

Unter den von Gaxotte aufgeführten Namen steht der des Preußenkönigs nicht deshalb an bevorzugter Stelle, weil der aufgeklärte Absolutismus in Preußen besonders intensiv oder systematisch praktiziert worden wäre, sondern weil Friedrich als roi philosophe und als Literat sich und der Mitwelt über seine Regierungsmaximen Rechenschaft gab und Mitglied der aufgeklärten literarischen Kommunität war, welche die öffentliche Meinung prägte. Mit seinen Ausführungen über die Erziehung stand Friedrich in der pädagogischen Diskussion der Jahrhundertmitte, berührt von der Wendung zum Realismus in Wissenschaft und Erziehung, aber schon abgestoßen von dem radikaleren Erziehungsprogramm Rousseaus, der das Individuum aus der Gesellschaft herausnahm und autonom setzte. Daß das breite Volk aufklärungsfähig sei, glaubte Friedrich ebensowenig wie die aufgeklärten Köpfe seiner Zeit[34]; daß man es dennoch zu vernünftiger, vom Aberglauben weitgehend freier und moralischerer Lebensführung zu seinem eigenen wie zu des Staates Besten anleiten könne und müsse, schien ihm gleichwohl selbstverständlich.

Das Bündnis zwischen Regierung und pädagogischen Aufklärungsideen war ein typisches Merkmal der Staaten des aufgeklärten Absolutismus. Diese Regierungsform war insofern eine Folge von Defizienz, als der Fortschritt des Landes auf allen Gebieten nicht von entwickelten und kapitalkräftigen gesellschaftlichen Gruppen vorangetrieben, sondern von der Reformbürokratie planerisch befördert und der Gesellschaft auferlegt werden mußte. In welcher Weise sich der Reformabsolutismus nun der Forderung von Bildung und Wissenschaft annahm, ob und wie weit er sich auf gesellschaftliche Bewegungen stützen und sie nur zu ermuntern brauchte, ob er auf starke Widerstände der alten Gesellschaft stieß und infolgedessen den bürokratischen Zugriff verschärfen und systematisieren mußte, ob in der Programmatik der inneren Staatsräson das Bildungswesen eine bevor-

---

33 *Gaxotte* (Anm. 5), 341, s. dazu auch *Schieder* (Anm. 5), 284 ff.

34 Vgl. für manche in ähnliche Richtung weisende Äußerungen den Brief vom 8. Januar 1770 an d'Alembert, wo der König eine fiktive Rechnung anstellt, die beweisen soll, „daß das bischen gesunder Menschenverstand, dessen unsere Gattung fähig ist, nur in dem kleineren Teil einer Nation vorhanden sein kann, daß die übrigen dafür unzugänglich sind ... man muß sich begnügen, für sich selbst weise zu sein, wenn man kann, und den gemeinen Mann dem Irrtum überlassen, während man versucht, ihn von den Verbrechen abzubringen, welche die Ordnung der Gesellschaft stören“. *Bona Meyer* (Anm. 8), 330 - 333.

zugte und also systematisch verwaltete Angelegenheit wurde oder einen niedrigeren Prioritätsgrad einnahm, bezeichnet wichtige Unterschiede zwischen den Staaten des Reformabsolutismus in Mittel- und Osteuropa.

Die systematische Förderung der Bildung durch den Staat gehört zu dem Widerspruchspotential der Epoche des späten 18. Jahrhunderts. Sie produzierte Konflikte zwischen dem Reformabsolutismus und einer Reihe gesellschaftlicher Basisinstanzen, die der „aufgeklärte Despotismus“ konservieren mußte, um sein Regierungssystem zu erhalten, und die er doch zugleich delegitimierte: Zunächst mit der Kirche, insbesondere mit der katholischen Kirche, die ihre Hand auf dem Erziehungswesen aller Stufen hielt, wie in Portugal, Spanien, Frankreich, den italienischen Staaten und in Österreich; hier führte der ansatzweise oder gründlich unternommene Versuch, das Erziehungswesen vom Staate her zu beeinflussen, sofort zum Konflikt. Sodann mit den Ständen, den Gemeinden und Patronen, die als Guts-, Dorf- oder Stadtherren für das Schulwesen zuständig waren und die Kosten trugen. Sie spürten und fürchteten auch am ehesten die mentalen und realen Folgen besserer Bildung und Ausbildung. Die Sorge vor Aufsässigkeit und Mobilität des gemeinen Mannes und vor Auflösung der nicht nur die politische Ordnung, sondern auch die Arbeitsteilung der Gesellschaft sichernden ständischen Grenzen wurde bald nach der Mitte des Jahrhunderts laut. Sie motivierte z.B. die Ablehnung der lokalen, aber keineswegs privaten, sondern ständepolitischen Unterrichtsreformen Eberhard von Rochows – zunächst durch seine Standesgenossen, dann aber, nach anfänglichem Zuspruch, auch von seiten der Staatsbehörde[35]. Das Problem, das es im Sinne einer kameralistischen aufgeklärten Politik zu lösen galt, bestand darin, die Grenzen zu finden und festzuschreiben, innerhalb derer die Verbesserung der Erziehung den Staat wie die Untertanen materiell und moralisch stärkte – also ihr „Glück“ als den höchsten Zweck einer staatlichen Vereinigung förderte[36] – ohne daß das Gefüge der Gesellschaft ideell oder materiell ins Wanken kam. Solche Grenzen waren innerhalb des absolutisti-

[35] s. *Rethwisch* (Anm. 7). Zur Kritik an Rochow s. *Achim Leschinsky / Peter-Martin Röder,* Schule im historischen Prozeß. Zum Wechselverhältnis von institutioneller Erziehung und gesellschaftlicher Entwicklung, Stuttgart 1976, 395ff. *Fischer* (Anm. 9), 139, gibt ausführlich den Briefwechsel zwischen Zedlitz und Rochow über Höhe und Art der Bildung der Bauern wieder.

[36] In der Entwicklung der theoretischen Konzeption der Kameralistik trat, insbesondere von Justi formuliert, die Trennung zwischen dem individuellen Glück des Untertanen, der privaten Glückseligkeit und dem „allgemeinen Besten“ hervor. Ein Ausgleich zwischen beiden verlangt sowohl die Förderung wie die Begrenzung der Bildung der Individuen. *J. H. G. v. Justi,* Der Grundriß einer guten Regierung in fünf Büchern, Frankfurt, Leipzig 1759, und *Joseph von Sonnenfels,* Politische Abhandlungen, Wien 1777, bieten Beispiele für diese theoretischen Versuche, Bildung in den Grenzen der Arbeitsteilung und des sozialen Gefüges der Zeit zu fördern und zugleich einzubinden. Vgl. *Georg Christoph von Unruh,* Theorie und Praxis der Polizei im Schrifttum bis zum Ausgang des 18. Jahrhunderts, in: K. G. A. Jeserich / H. Pohl / G. C. v. Unruh (Hrsg.), Deutsche Verwaltungsgeschichte, Bd. 1, Stuttgart 1983, 417.

schen Systems nur zu finden und zu halten, wenn der Staat seine Eingriffe in das weitgehend autonome Gebiet der Erziehung auf vorsichtige Förderung begrenzte, wenn andererseits die theoretische politische und soziale Sprengkraft, die in den neuen Bildungsideen lag, praktisch soweit gezügelt blieb, daß sie nicht zur Gefahr für das politische und soziale System werden konnte. Wenn sich dieses Gleichgewicht nicht herstellte, war, die entsprechenden Rahmenbedingungen vorausgesetzt, die Folge entweder die Veränderung und Umformung des Staates und der Gesellschaft – wie in den Konzeptionen der preußischen Bildungsreform – oder die Etablierung einer Staatspädagogik, die Unterricht, Wissenschaft und geistige Bewegung administrativ in die Grenzen absolutistischer Staatsräson einzuschließen suchte – wofür die Karlsbader Beschlüsse als ein schon spätes, besonders bekanntes Beispiel gelten mögen.

Diese nachrevolutionären Entwicklungen des Verhältnisses von Bildung und Staat bildeten sich bereits in der vorrevolutionären, gleichsam noch naiven Periode dieses Verhältnisses in den verschiedenen Staaten des aufgeklärten Absolutismus heraus. Friedrich blieb jenseits dieser kritischen, konfliktträchtigen Grenzscheide. Die Zedlitzschen Reformbemühungen, die nach Friedrichs Tod einen systematischeren Zug bekamen, hielten die Interessen des Staates und der Bildungsgesellschaft in der Waage. Erst das Wöllnersche Religionsedikt (1788) machte den Konflikt offenkundig; aber es blieb ein Zwischenspiel, und Massow konnte mit Billigung und im Auftrag des Königs, unterstützt durch eine breite bürgerliche Bildungsbewegung, an die Zedlitzschen Reformmaßnahmen anknüpfen[37].

IV.

Wirft man einen vergleichenden Blick auf die Bemühungen des aufgeklärten absolutistischen Verwaltungshandelns um die Hebung der Erziehung in anderen Staaten Europas, tritt das preußische Verfahren in seiner Besonderheit deutlich hervor. In Frankreich oder England, den die philosophisch-pädagogische Bewegung am stärksten beeinflussenden Ländern, hielt sich die zentrale Regierung aus der Erziehung heraus. In Frankreich waren es nicht die leitenden Minister – wenngleich Turgot den Nationalerziehungsplan von La Chalotais positiv als eine Maßnahme zur Reform des Erziehungswesens erwog – sondern einzelne Provinzialbeamte, welche auf regionaler Ebene Reformversuche befürworteten. Man wird die Regionalforschung befragen müssen, wieweit und ob überhaupt in Frankreich im Sinne der neuen Nationalerziehungspläne faktische Verbesserungsmaßnahmen gegriffen haben[38]. Die Nationalerziehungspläne der vorrevolutionären

[37] Vgl. *Heinemann* (Anm. 16), Kap. 6 und 7; *Jeismann* (Anm. 16), Teil I, 4. Kap.

[38] Vgl. *Daniel Roche,* Le siècle des lumières en province, académies et académiciens provinciaux 1660 - 1783, Paris 1973. Noch stärker als in Mitteleuropa ist der Staat des

Phase, wie etwa der von Philippon de la Madelaine, waren mit dem Ausbruch der Revolution Makulatur. Aber auch die neuen, auf die Nation gleichberechtigter Bürger zugeschnittenen großen Erziehungskonzeptionen Condorcets oder Lepetiers und seiner radikaleren Nachfolger blieben Programmatik; das Direktorium und, schärfer noch, Napoleon, erzwangen ein zentralisiertes edukatorisches Gesamtsystem, das den Bedürfnissen des Staates nach der Bildung einer effizienten Elite entsprach. Nirgends so deutlich wie in Frankreich folgte die Erziehung den politischen Veränderungen und Bedürfnissen[39].

Differenzierter ist das Bild im eigentlichen Raum aufgeklärter absolutistischer Herrschaft, in Mittel- und, mit Abstand, in Osteuropa. Generalisierende Aussagen bleiben problematisch. Der Zugriff der staatlichen Gewalt auf das Bildungswesen war innerhalb des deutschen Reiches von Territorium zu Territorium unterschiedlich. Aus den Bildungstendenzen der Reformation wie der katholischen Reform wirkten landesherrliche Bemühungen um Bildung der Untertanen bis weit ins aufgeklärte Jahrhundert hinein. Einige Bildungslandschaften hoben sich deutlich heraus: die sächsischen und württembergischen Gebiete, Gotha natürlich, das preußische Sachsen und Ostfriesland, Vorderösterreich und Böhmen. Die Reformen des 18. Jahrhunderts, gespeist aus einer Verbindung zwischen aufklärerischem Geist, Pietismus und Staatsräson, griffen jedoch zeitlich zuerst, von Halle ausgehend, in Preußen Platz[40]. Pietistischer Reformeifer und rationalistische Aufklärungsbewegung waren, trotz interner Spannungen, noch vor den staatlichen Maßnahmen die treibenden Kräfte. Das Wirken Johann Julius Heckers ist für dieses Zusammenspiel das deutlichste Exempel. Erst nach dem sichtbaren, dem Staat erwünschten Erfolg der Heckerschen Aktivitäten an der Dreifaltigkeitskirche in Berlin unterstützte der König mit mäßigen Summen das Projekt[41].

Absolutismus im Bereich des Erziehungswesens in Frankreich „plus une tendance q'une réalité" (*Pierre Goubert,* L'Ancien régime, Bd. 1, Paris 4. Aufl. 1974, 219).

[39] s. *Frauke Stübig,* Erziehung zur Gleichheit. Die Konzepte der „éducation commune" der Französischen Revolution, Ravensburg 1974 und *Wiltrud Ulrike Drechsel,* Erziehung und Schule in der Französischen Revolution. Untersuchung zum Verhältnis von Politik und Pädagogik in den Reformplänen der Jahre 1792 - 1794, Frankfurt, Berlin, München 1969.

[40] Vgl. den wichtigen, zusammenfassenden Überblick bei *Kurt von Raumer,* Zum geschichtlichen Hintergrund und europäischen Kontext der preußischen Bildungsreform, in: Das Vergangene und die Geschichte. Festschrift für Reinhard Wittram zum 70. Geburtstag, Göttingen 1973, 42 - 62. Vgl. auch die breite Präsentation der pädagogischen Bewegung bei *Theodor Ballauff / Klaus Schaller,* Pädagogik. Eine Geschichte der Bildung und Erziehung, Bd. 2: Vom 16. - 19. Jahrhundert, Freiburg 1970, 3. Teil, Kap. 3 u. 4.

[41] s. *Hugo Gotthard Bloth,* Johann Julius Hecker und seine Universalschule, Dortmund 1968 (Sonderdruck aus: Jahrbuch des Vereins für Westfälische Kirchengeschichte, Bd. 61).

Das Gegenbeispiel bietet Österreich zur Zeit Maria Theresias und ihrer Nachfolger. Zwar kamen die Anregungen aus Preußen: Ignaz Felbiger, der Abt von Sagan, hatte die Anregungen aus dem lokalen und regionalen Schulsystem Johann Julius Heckers in Berlin aufgegriffen und seine konkreten Reformen in Schlesien sowie das schlesische Landschulreglement von 1765 an dem protestantischen Vorbild von 1763 ausgerichtet. Etwa zehn Jahre nach dem Beginn der pragmatischen preußischen Landschulreform seit dem 7jährigen Kriege faßte Maria Theresia in Österreich die älteren Einzelreformversuche zusammen. Felbiger, nach Wien berufen, entwarf das Konzept der „Allgemeinen Schulordnung" von 1774[42]. Hatte in Preußen das Generallandschulreglement von 1763 wohl die Unterschrift, kaum aber das inhaltliche Interesse des Königs gefunden, so diskutierten in Wien die Kaiserin, die hohen Beamten des Hofes, Geistliche und Universitätsprofessoren die Maßnahmen, die sich zu einer förmlichen Schul- und Universitätspolitik verdichteten. Die Allgemeine Schulordnung brachte die längst theoretisch definierten, kaum aber realisierten Maßnahmen in ein System: Es war der Versuch, im ganzen Land gleichzeitig das Volksschulwesen aus einem ecclesiasticum zu einem politicum zu machen. Es regelte die Lehrerausbildung, die Schulbuchproduktion, die Methodik des Unterrichts, die Einsetzung der Schulaufsicht, die Sicherstellung der Finanzierung der Schulhäuser und der Lehrergehälter und programmierte schon einen geregelten Instanzenzug der Aufsicht und eine Hierarchie der Schulen.

Die durch die Auflösung des Jesuitenordens – 1772 – notwendigen Reformen im Gymnasialwesen wurden eine zentrale Sorge der Kaiserin und der Verwaltung und boten die Chance der Verstaatlichung des gelehrten Unterrichtswesens. Die ausführlichen Diskussionen um die Richtung und die Einzelheiten der Reform unter persönlichem Engagement Maria Theresias und die intensiven Eingriffe in die Universitäten schließen sich mit der Allgemeinen Schulordnung von 1774 zu einer konsequent gedachten Bildungspolitik zusammen[43]. Der Widerstand gegen die Reformpolitik entsprach jedoch der staatlichen Energie und hatte einen längeren Atem. Die zentrale Unterrichtsbehörde, die Studienhofkommission, schon 1760 gegründet, spiegelte ungleich stärker als das Oberkonsistorium oder das später gegründete Oberschulkollegium (1787) in Preußen die inneren Widersprüche gegen die Bil-

---

[42] *Joseph Stanzel,* Die Schulaufsicht im Reformwerk des J. I. v. Felbiger (1724 - 1788). Schule, Kirche und Staat in Recht und Praxis des aufgeklärten Absolutismus, Paderborn 1976. Zum Vergleich des Generallandschulreglements von 1763, des Felbigerschen Reglements für Schlesien von 1765 und der Allgemeinen Schulordnung von 1774 s. 326f.

[43] Für die Entwicklung des österreichischen Bildungswesens s. jetzt *Helmut Engelbrecht,* Geschichte des österreichischen Bildungswesens. Erziehung und Unterricht auf dem Boden Österreichs, Bd. 3, Von der frühen Aufklärung bis zum Vormärz, Wien 1984, für die hier erwähnten Vorgänge vor allem die Kap. 8 - 10, im Quellenanhang auch die Allgemeine Schulordnung von 1774 (491 - 501).

dungsreform. Die Schaffung einer zentralen Unterrichtsverwaltungsinstanz und entsprechender Unterbehörden aktivierte in Österreich eher die Gegenkräfte, als daß sie ein brauchbares Instrumentarium zur Lösung dieser neuen Staatsaufgabe schuf. Entsprechend härter wurde der etatistische Zugriff. Friedrichs beiläufige Bemerkung über die Bildung der Bauernkinder klingt wie eine harmlose Marginale verglichen mit den harten Disziplinierungsabsichten gegenüber den Universitäten, wie sie in der Habsburger Monarchie seit dieser Zeit üblich wurden[44]. So kam es in Österreich früher zu einem Spannungsverhältnis zwischen Staat und Bildung als in Preußen. Die liberalen Reformansätze Leopolds II. konnten daran nichts ändern, und unter Franz I. wurde aus der progressiven Pädagogik des Reformabsolutismus die restaurative Staatspädagogik der ersten Hälfte des 19. Jahrhunderts.

Vergleicht man jedoch ungeachtet dessen die Konzeption und die Ausstrahlung dieser ersten groß angesetzten österreichischen Unterrichtsreform mit den gleichzeitigen Maßnahmen in Preußen, so wird man ihr eine erheblich stärkere Vorbildwirkung zusprechen[45]. Von der Wiener Schulreform gingen starke Impulse ins Reich, insbesondere auf die katholischen Staaten und Bistümer aus – u. a. Bayern, Würzburg und Münster. Auch in Sachsen fanden Felbigers Anstöße Nachfolger, und es knüpfte sich eine pädagogische Beziehung zwischen Leipzig und Wien, die auch noch für das 19. Jahrhundert wichtig wurde[46]. Imponierender noch ist die Wirkung der österreichischen Unterrichtsreform nach Südost- und Osteuropa hinein. Die ungarische ratio educationis von 1777, das erste umfassende staatliche Unterrichtsgesetz in Ungarn, sowie die schon 1775 erlassene Organisation des Volksschulwesens gingen ganz auf die Wiener Pläne zurück. In den serbischen Gebieten fand Felbiger einen kongenialen Nachfolger in Theodor Jankovič, der die Schulen in Illyrien mit ähnlichen Maßnahmen der Entwicklung von Schulbüchern, der Lehrerbildung und der Schulaufsicht zu verbessern unternahm, wie Felbiger es in Wien versuchte[47].

---

44 *Engelbrecht,* 197 ff.

45 *Stanzel* (Anm. 42), 297 - 325. Interessant ist, daß die schlesische Schulreform Felbigers schon in Tirol übernommen wurde, ehe Felbiger nach Wien berufen worden war. *Engelbrecht* (Anm. 43), Bd. 3, 129 ff.

46 Darauf hat jüngst eine Habilitationsschrift der Erziehungswissenschaftlichen Fakultät der Universität Erlangen an einem wichtigen Beispiel hingewiesen: *Hartmut Voit,* Die Bedeutung der „kulturhistorischen Methode" für die Entwicklung der Geschichtsdidaktik. Untersuchungen zum Werk Albert Richters. Ein Beitrag zur Erforschung des geschichtsdidaktischen Denkens in der zweiten Hälfte des 19. Jahrhunderts. Masch. schr. Ms. Erlangen 1986, Kap. II.

47 Für Ungarn s. *Domokos Kosáry,* Die ungarische Unterrichtsreform von 1777, in: Ungarn und Österreich unter Maria Theresia und Joseph II. Neue Aspekte im Verhältnis beider Länder, Wien 1982, 91 - 100. Bemerkenswert ist daran, daß hier die nach dem Kriege gängige These, die Unterrichtspolitik habe im Dienste der Germanisierung gestanden, mit guten Gründen zurückgewiesen wird. Zu Rußland *Peter Polz,* Theodor Jankovič und die Schulreform in Rußland, in: Die Aufklärung in Ost- und Südosteuropa, Köln, Wien 1972, 119 - 174.

Wie Felbiger aus Preußen, so wurde Jankovič aus Österreich gleichsam entliehen, als sich die Zarin, von Diderot beeinflußt, der Unterrichtsreform annahm. Das „Statut für Volksschulen" von 1786 war eine fast wörtliche Übersetzung der österreichischen Allgemeinen Schulordnung von 1774. In der Hauptstadt wurden eine Anzahl von Schulen gegründet, Jankovič wirkte, ähnlich wie Felbiger, aber bei länger dauernder Gunst des Monarchen noch unter Alexander I. im 1802 gegründeten Ministerium für Volksaufklärung. Die in den nächsten Jahren ergriffenen Maßnahmen des Unterrichtsministeriums hatten den gleichen reglementierenden, hierarchisierenden und systematischen Zugriff, wie die Reformen der österreichischen Allgemeinen Schulordnung. Auch die nach der ersten Teilung Polens gegründete „Kommission für Nationalerziehung" in Warschau, nach der Wiener Studienhofkommission von 1760 die älteste zentrale Unterrichtsverwaltung in Europa, war indirekt von Felbigers Vorstellungen beeinflußt[48].

Überall herrscht das gleiche Prinzip: Getragen von dem Wunsch nach Stärkung der durch Kriege, Finanzschwierigkeiten, politische Schwäche handlungsgehemmten, der Entwicklung zum Gesamtstaat bedürftigen Länderkomplexe wird eine rational geplante Erziehungsorganisation und Unterrichtsmethode verordnet. Eine von Experten ausgearbeitete, vom Monarchen und seinen Beratern geprüfte und gestützte, selbst Einzelheiten des Schulalltags regelnde Reihe von Verordnungen sollte die Volksbildung heben und dadurch dem Staat neue Kräfte zuführen – ein Sektor des Versuchs „einer Anzahl von Staaten an den relativ weniger entwickelten nördlichen, östlichen und südlichen Randzonen Europas, sich mittels der Konzentrierung ihrer Kräfte den entwickelten Staaten anzuschließen"[49].

Der Erfolg blieb regional unterschiedlich, aber überall bescheiden. Die ohnehin schon fortgeschrittenen Gebiete, in denen eine gesellschaftliche Bewegung den Intentionen des Staates entgegenkam, profitierten; die anderen fielen relativ weiter zurück. Die Stellung der Experten am Hofe oder in der Zentralverwaltung blieb prekär gegenüber dem Widerstand der alten Mächte. Das zeigt Felbigers dienstliches Schicksal oder auch das des jüngeren van Swieten in Österreich, sobald die Monarchen entweder anderen Konzeptionen ihre Gunst liehen oder dem massiven Widerstand aus Kirche und Ständen nachgaben[50]. Die Instruktionen für die Aufsichtsbehörden waren nicht oder nur sehr schwierig durchzuführen, bessere Lehrer nicht in

---

[48] *Engelbrecht* (Anm. 43), Bd. 3, 138 sowie *Stanislaw Litak,* Wandlungen im polnischen Schulwesen im 18. Jahrhundert, in: F. Engel-Janosi / G. Klingenstein / H. Lutz (Hrsg.), Formen der europäischen Aufklärung, Wien 1976, 96 - 125; *Ambroise Jobert,* La Commission d'Education Nationale en Pologne (1773 - 1794), Paris 1941.

[49] *Kosáry* (Anm. 47), 92.

[50] s. *Engelbrecht* (Anm. 43), Bd. 3, 118: Felbigers Grab in Preßburg „ist heute verschollen, kein Denkmal rühmt ihn in Österreich". Zu Gottfried van Swieten, ebd., 199ff.

wenigen Jahren in hinreichender Zahl auszubilden, die Eltern von den Neuerungen und den damit verbundenen Kosten – etwa für Schulbücher – ebensowenig zu überzeugen wie die Mehrzahl der Magistrate oder Patrone von der Notwendigkeit neuer oder besser unterhaltener Schulhäuser.

Eine so tiefgreifende Veränderung des Erziehungswesens ließ sich schwerlich auf wenige Experten und auf Befehle des Monarchen und Verordnungen der Bürokratie stützen. Das gilt für die Maßnahmen des Reformabsolutismus in Europa überall, wo er schnell, rücksichtslos, systematisch und theoriegelenkt zugriff – nicht nur im Erziehungswesen, sondern auch auf wichtigen anderen Gebieten, wie der Agrarreform oder dem Steuerwesen. Nicht überall führte das zum Königsmord wie in Schweden oder zur Hinrichtung des Ministers wie in Dänemark. Hier hat der Rückschlag gegen Struensees Reformpolitik auch die dänische Bildungsgeschichte, die so eng mit der deutschen verflochten war, in eine retardierende Phasenverschiebung gebracht und eine Reform, die organisatorisch und geistig längst vorbereitet war, um mehr als zwei Jahrzehnte hinausgezögert. Geradezu modellhaft scheiterte der Versuch des Herzogs von Braunschweig, gegen den Widerstand von Kirche und Ständen seinem Lande mit Hilfe zweier bekannter Erziehungsexperten – Campe und Trapp – eine generelle Schulreform zu verordnen[51].

V.

Friedrichs Haltung zur Forderung des Aufklärungszeitalters nach Verbesserung des Erziehungswesens unterschied sich von den im übrigen mittel- und osteuropäischen Herrschaftsgebiet aufgeklärten Monarchen großer und kleiner Staaten durch eine andere Art der „Herrschaftstechnik"[52]. Seine Reflexionen über die Erziehung, sei es vor der Akademie, sei es in Briefen,

---

51 *Ulrich Herrmann,* Modell der Schulreform. Das braunschweigische Schuldirektorium 1786 - 1790, in: Braunschweigisches Journal 52 (1971).

52 *Neugebauer* (Anm. 16), 37 ff., weist nachdrücklich auf die Stellung der Schule in der vormodernen, ständischen Gesellschaft hin und beschreibt Friedrichs „Schulpolitik" nach dem Typ des alten „Schulregiments", die nur an wenigen, besonders gelagerten Fällen durch moderne Zugriffe auf das Schulwesen von diesem Typ abweicht (296 ff.). Unter diesem Aspekt erweist sich „der persönliche Faktor der Herrscherperson in der Schulgeschichte als kaum mehr als nur sekundär" (631). Die genaue Untersuchung zeigt „die entscheidend geringe Herrschaftsintensität des preußischen Staates im 18. Jahrhundert im Vergleich mit der leicht das historische Urteil präformierenden Staatlichkeit des bürgerlichen Zeitalters" (626) – und, wie man hinzufügen kann, verglichen mit den fast gleichzeitigen Ansätzen zur Schulreform in den anderen, genannten Ländern des aufgeklärten Absolutismus. Insofern stellte das Schulwesen in Preußen eher als zum Beispiel in Österreich unter Joseph II. „einen Freiraum im absolutistischen Verfassungsgefüge dar" (627), der von Friedrich II. nicht wesentlich durch durchgreifende staatliche Maßnahmen eingeengt wurde. Vgl. auch *Heinemann* (Anm. 16), 49 zu der Auffassung in Preußen, daß „der Vielfalt von Bedingungen im Erziehungswesen nicht mit einer imperativen Verwaltungsanordnung adäquat begegnet werden konnte".

erhöhten die Meinung, welche die schreibende und lesende Mitwelt von diesem aufgeklärten Fürsten hatte; sie ermutigten darüber hinaus indirekt Reformen, wo sie „von unten“ versucht wurden; sie mochten hier und da an Universitäten und Gelehrtenschulen Anregungen geben, die als vom König sanktionierte Meinung einer gewissen Beachtung sicher sein konnten; in den Anweisungen für die Ritterakademie in Berlin oder für die Erziehung seines Nachfolgers wurden des Königs pädagogische Ideen konkrete Einzelvorschriften: eine staatliche Bildungspolitik war dies alles nicht. Der Freiherr von Zedlitz hat diese Herrschaftstechnik in negativer Weise auf den Begriff gebracht: „... Wo wir damit anfangen, daß wir alle Schulen umschmelzen wollten, da müßten wir oft dem Willen des Stifters zuwider andere Einrichtungen machen, Patronatsrechte nehmen, Stellen einziehen, andere damit einkömmlich machen – das hieße alle Ruhe stören, alle Gemüther wider die Reformators aufbringen und also weniger als nichts tun“[53].

Gehörte also der Kontrast zwischen den königlichen Reflexionen über die Bedeutung der Bildung und dem Mangel an einer systematischen, energisch vorgehenden Bildungspolitik zu diesem „Königtum der Widersprüche“? Dies stellt sich nur dem ersten Blick als griffige Formel dar. In Wahrheit blieb der König konsequent in den Grundlinien seines Herrschaftssystems. Preußen hatte zunächst für seinen Bestand zu sorgen, also die unmittelbaren und zeitlich in ihrer Wirkung absehbaren Maßnahmen zu treffen: die Armee schlagkräftig zu erhalten, die Wirtschaftskraft zu steigern, das Finanzwesen gesund zu halten. Schon durch diese Aufgaben waren der staatliche Apparat und die Leistungskraft des Landes sehr belastet. Langfristige Reformmaßnahmen – wie die Justizreform und die Bildungsreform – lagen zwar in der Perspektive des Königs, waren aber den unmittelbaren Notwendigkeiten unterzuordnen. Wo sie bei löblichster Reformabsicht Unruhe und Rechtsunsicherheit schufen, Widerstand provozierten oder die Finanzmasse schmälerten, hatten sie zurückzustehen. Zwar griff der König mit harter Hand bisweilen in einzelne Prozesse ein; die Arbeiten an einer grundlegenden Reform des Rechtes in den preußischen Staaten hatte er langsam wachsen lassen[54]. Selbst in der Kirchenpolitik wollte er lieber Vorurteile geschont, als die Untertanen beunruhigt wissen. Im Erziehungswesen sah er, „wie sehr die Vernachlässigung der Jugenderziehung der Gesellschaft schadet“; an eine Möglichkeit, die Übelstände schnell und durchgreifend zu beheben, glaubte er nicht: „Ich reformiere die Gymnasien, die Universitäten und selbst die Dorfschulen; aber 30 Jahre gehören dazu, um Früchte zu sehen. Ich werde sie nicht genießen, aber ich werde mich darüber trösten, indem ich meinem Lande diesen bisher mangelnden Vorzug verschaffe[55].“

---

[53] *Rethwisch* (Anm. 7), 147.

[54] Vgl. *Koser* (Anm. 2), Bd. 3, 411 ff.

[55] Brief an d'Alembert vom 6. Oktober 1772, *Bona Meyer* (Anm. 8), 334.

Als eine solche „Vermittlung" ist seine Haltung gegenüber dem Erziehungswesen zu bezeichnen, als eine gebremste Vermittlung dazu, weit entfernt von jedem Eifer, auf pädagogischem Wege die Menschen aus der Wurzel verbessern zu können. Seine Skepsis gegenüber der Perfektibilität der „menschlichen Rasse" lag als eine anthropologische Grundeinstellung dieser politisch systemgerechten Vorsicht gewiß zugrunde[56], aber auch die Auffassung, daß in sittlichen und geistigen Dingen, also in der Menschenbildung, der Staat wenig Positives von sich aus wirken könne. An einem ihm wichtigen, uns eher skurril erscheinenden Beispiel, an der Form und Schönheit der Sprache, hat er dieses Prinzip mit einer kuriosen Bemerkung in seiner Abhandlung über die deutsche Literatur verdeutlicht. Es gebe ein treffliches Mittel, schrieb er, die deutsche Sprache wohlklingender zu machen. Man müsse nur an die Enden der Verben auf -en den vollen Vokal „a" anhängen; aber „wenn auch der Kaiser selbst mit seinen acht Kurfürsten auf einem feierlichen Reichstage durch ein Gesetz diese Aussprache anbeföhle, so würden doch die eifrigen Verehrer des ächten alten Deutsch sich an diese Gesetze gar nicht gebunden halten, sondern allenthalben in schönem Latein ausrufen: ‚Caesar non est super grammaticos ...'"[57].

So hat Friedrich gar nicht erst die Grenzen getestet, an denen die Dissonanz zwischen der modernen Bildung und der absolutistischen Staatsräson sowie der Ständegliederung hörbar geworden wäre. Hätte er wie Joseph II. oder Karl Eugen von Württemberg auf diesem Gebiet den absoluten Herrscher herausgekehrt – wieviele Professoren hätten ein ähnliches Schicksal vor Augen haben können wie der Finanzrat Ursinus oder Johann Heinrich Gottlob Justi; deren harte Behandlung half der preußischen Wirtschaft und dem Finanzwesen nichts; im Reich der Bildung hätte des Königs „harte Hand"[58] eher Schaden gestiftet.

VI.

Das historische Urteil geht fehl, wenn es Friedrich als den „Heros" der preußischen Volksbildung oder auch nur als „Erzieher seines Volkes" preist und nicht minder, wenn es ihn verdammt, weil er eben dies nicht gewesen

---

[56] „... Erziehung wird niemals die Natur ändern". Brief an d'Alembert vom 13. August 1777, *Bona Meyer* (Anm. 8), 337. Von der Natur des Menschen aber hatte der König, wie in dem umfangreichen Schrifttum über ihn ziemlich einhellig hervorgehoben wird, keine hohe Meinung, und diese Geringschätzung zeigte sich ohne alle Widersprüche beim König sowohl in seinen Schriften wie in seiner Regierungspraxis. Vgl. neben vielen anderen Stellen die besonders anschaulichen Schilderungen bei *Gaxotte* (Anm. 5), 312ff.

[57] *Friedrich der Große,* De la littérature allemande. Ergänzt durch Justus Möser, Über die deutsche Sprache und Literatur; Christian Thomasius, Von Nachahmung der Franzosen, 2. verm. Aufl. nebst Christian Wilhelm v. Dohms dt. Übersetzung, hrsg. von Ludwig Geiger, Nachdruck Darmstadt 1969, 61.

[58] *Schieder* (Anm. 5), 303, 306f., 315. *Mittenzwei* (Anm. 18), 39ff., 223ff.

sei. Es ist nicht sein Verdienst, aber doch wohl eine Folge seiner Art der Herrschaftsausübung im Bereich von Bildung und Erziehung, wenn in Preußen zwischen Staat und Gesellschaft über Fragen der Bildung nicht jene tiefe Entzweiung eintrat, wie wir sie als Folge „despotischer" Bildungspolitik des aufgeklärten Absolutismus anderswo feststellen können. In einer geistigen und politischen Kultur, in der das königliche Beispiel die Verbreitung der Aufklärung sanktionierte und Reformen des Schul- und Bildungswesens auf Wohlwollen der Staatsgewalt hoffen konnten, ohne durch sie erzwungen zu werden, konnte sich ein breiter Reformwille in den gesellschaftlich artikulationsfähigen Schichten weiterentwickeln – ein Reformwille, der den kurzfristigen Abfall des Staates von den Maximen der Aufklärung im Bildungswesen in der Ministerzeit Wöllners überlebte. Selbst in die politisch, administrativ und geistig so tief veränderten Bedingungen der preußischen Reformzeit ging auf eine neue Weise dieses Verständnis von der Verbindung zwischen Staat und Erziehung ein, das sich im friderizianischen Preußen nicht als Programm, wohl aber als Praxis herausgebildet hatte: Politik und Pädagogik als zwei zwar verbundene, aber jedes für sich autonome Handlungsfelder. Dieses freiere, in wechselseitiger Achtung sich definierende Verständnis vom Zusammenhang zwischen Staat und Bildungswesen, zwischen Politik und Pädagogik kam in der preußischen Bildungsreform zu einem programmatisch definierten und auch praktizierten Höhepunkt[59]. Dieses Verständnis unterschied sie grundlegend von den etatistisch geprägten Bildungsreformen des frühen 19. Jahrhunderts in den Rheinbundstaaten, im napoleonischen Frankreich oder in Osteuropa. Es hat sich auch in Preußen keineswegs unangefochten behaupten können, aber doch als eine weiterwirkende Maxime die deutsche Bildungsgeschichte im 19. Jahrhundert beeinflußt.

Dies kann nicht als Absicht Friedrichs reklamiert werden. Wohl aber war seine Art, das Erziehungswesen literarisch zu würdigen und praktisch nicht staatsunmittelbar zu machen, eine der wichtigen Voraussetzungen dafür, daß sich dieses freie Wechselverhältnis von Politik und Pädagogik nicht nur theoretisch, sondern auch in der staatlichen Schulpolitik Preußens im 19. Jahrhundert zunächst so kräftig bemerkbar machen konnte. Versuche, auch in Preußen das Verhältnis von Bildung und Staat im Sinne einer direkt politisch zugreifenden Staatspädagogik zu gestalten, die in den Karlsbader Beschlüssen und wieder nach dem Tode Altensteins nachweisbar sind, konnten sich auf friderizianische Traditionen nicht berufen. Vielmehr fanden sie in der Beamtenschaft der Aufsichtsbehörden, in den Schulen selbst, im

[59] *Jeismann* (Anm. 16), Teil II, 1. Kap.: Das neue Verständnis des Zusammenhanges zwischen Staat, Gesellschaft und Erziehung. Leitideen und Programme der Bildungsreform in den Jahren zwischen 1808 und 1814, 221 ff. und 2. Kap.: Unterrichtswesen und Standsverwaltung. Das Verhältnis von Staat und Erziehung in den Vorstellungen und Maßnahmen der Reformpolitiker 1807 - 1808, 273 ff.

„Publikum“ und vor allem bei der liberalen Opposition einen Widerstand, der sich ausdrücklich auf den großen König berief und ihn kritisch gegen seine Nachfolger – insbesondere gegen Friedrich Wilhelms IV. konservativ-kirchlichen Kurs – als Zeugen freien Geistes beschwor[60].

Das historische Urteil über die Bedeutung der Ansichten und Maßnahmen Friedrichs im Bereich des Erziehungswesens läßt sich daher nicht, wie bisher weitgehend geschehen, in der isolierten Analyse der theoretischen und praktischen Aktivitäten des Königs auf diesem Gebiet begründen. Sie müssen vielmehr als ein Faktor in der viel umfassenderen Bewegung der Entwicklung des modernen Bildungswesens verstanden werden. Dazu gehört die Erkenntnis ihres Stellenwertes im Regierungssystem des aufgeklärten, friderizianischen Absolutismus, die Beschreibung der Besonderheit dieser Herrschaftstechnik im Vergleich mit der Bildungspolitik anderer, gleichzeitiger Herrscher und ihre Einordnung in die historische Entwicklungslinie des Verhältnisses von Staat, Gesellschaft und Bildung. In diesem Zusammenhang erscheint die Rolle des Königs als ein neben anderen und stärkeren Einflüssen wesentliches Element im Bedingungsgeflecht, das die Entwicklung zum modernen Schulstaat in Preußen in der ersten Hälfte des 19. Jahrhunderts in besonderer und von anderen Staaten sich abhebender Weise prägte. Insofern ist es richtig, auf der Spezifik des 18. Jahrhunderts zu bestehen, in der Staat und Schule noch getrennte Sphären waren, und zugleich nicht zu vernachlässigen, daß die unterschiedliche Art, wie der Prozeß der „Verweltlichung, Verstaatlichung und Verbreiterung“ des Schulwesens sowohl von der Gesellschaft wie vom Staate her im späten 18. Jahrhundert vorangetrieben wurde, auf das 19. Jahrhundert nachhaltig einwirkte.

[60] s. *Karl Erich Born,* Der Wandel des Friedrich-Bildes in Deutschland während des 19. Jahrhunderts, phil. Diss. Köln 1953, 25 ff. Vgl. insbesondere die Rede *Friedrich von Raumers* in der Preußischen Akademie der Wissenschaften vom 28. Januar 1847; ferner *Hans Dollinger,* Friedrich II. von Preußen. Sein Bild im Wandel von zwei Jahrhunderten, München 1986, 124 ff.

Historische Forschungen

Seit 1972 sind erschienen:

5. **Sir Roger Casement und die deutsch-irischen Beziehungen.** Von K. Wolf. 205 S. 1972. DM 46,60

6. **Rationales Naturrecht als revolutionäre Praxis.** Untersuchungen zur „Erklärung der Menschenrechte und Bürgerrechte" von 1789. Von J. Sandweg. 345 S. 1972. DM 68,60

7. **Kant und die Französische Revolution.** Von P. Burg. 283 S. 1974. DM 66,60

8. **Calvinismus und französische Monarchie im 17. Jahrhundert.** Die politische Lehre der Akademien Sedan und Saumur, mit besonderer Berücksichtigung von Pierre Du Moulin, Moyse Amyraut und Pierre Jurieu. Von H. Kretzer. 486 S. 1975. DM 126,—

9. **David Hume und das Problem der Geschichte.** Von U. Voigt. 187 S. 1975. DM 49,80

10. **Reformation und Bauernkrieg im Geschichtsbild der DDR.** Zur Methodologie eines gewandelten Geschichtsverständnisses. Von J. Foschepoth. 170 S. 1976. DM 40,—

11. **Cognitio Historica.** Die Geschichte als Namengeberin der frühneuzeitlichen Empirie. Von A. Seifert. 202 S. 1976. DM 68,—

12. **Aufklärung und katholisches Reich.** Untersuchungen zur Universitätsreform und Politik katholischer Territorien des Heiligen Römischen Reichs deutscher Nation im 18. Jahrhundert. Von N. Hammerstein. 276 S. 1977. DM 78,—

13. **Der Einfluß der niederländisch-neustoischen Ethik in der politischen Theorie zur Zeit Sullys und Richelieus.** Von K. Siedschlag. 263 S. 1978. DM 80,—

14. **Image und Intervention.** Innere Lage Deutschlands und britische Beeinflussungsstrategien in der Entscheidungsphase des Ersten Weltkriegs. Von J. Kuropka. 304 S. 1978. DM 78,—

15. **Staatsverfassung und Mächtepolitik.** Zur Genese von Staatenkonflikten im Zeitalter des Absolutismus. Von J. Kunisch. 87 S. 1979. DM 28,—

16. **Gleichheit und Gleichberechtigung.** Das Gleichheitspostulat in der alteuropäischen Tradition und in Deutschland bis zum ausgehenden 19. Jahrhundert. Von O. Dann. 266 S. 1980. DM 58,—

17. **Historische Grundlagenforschung als Problem der Geschichtswissenschaft.** Zur Analyse der historischen Aussagen. Von R. Uhlig. 435 S. 1980. DM 158,—

18. **Das alte Preussen im deutschen Geschichtsbild seit der Reichsgründung.** Von J. Mirow. 401 S. 1981. DM 128,—

19. **Deutscher und polnischer Adel im Vergleich.** Adel und Adelsbezeichnungen in der deutschen und polnischen verfassungsgeschichtlichen Entwicklung sowie die rechtliche Problematik polnischer Adelsbezeichnungen nach deutschem Recht. Von P. Mikliss. 136 S. 1981. DM 66,—

20. **Jacob Mauvillon.** Ein Offizier und Schriftsteller im Zeitalter der bürgerlichen Emanzipationsbewegung. Von J. Hoffmann. 345 S. 1981. DM 98,—

21. **Der dynastische Fürstenstaat.** Zur Bedeutung von Sukzessionsordnungen für die Entstehung des frühmodernen Staates. In Zusammenarbeit mit H. Neuhaus hrsg. von J. Kunisch. XV, 424 S. 1982. DM 148,—

22. **Zwei Gesichter der Aufklärung.** Spannungslagen in Montesquieus ‚Esprit des lois'. Von C.-P. Clostermeyer. 276 S. 1983. DM 88,—

23. **Hermann Conring (1606 - 1681).** Beiträge zu Leben und Werk. Hrsg. von M. Stolleis. 591 S. 1983. DM 198,—

24. **Aufklärung und Erneuerung des juristischen Studiums.** Verfassung, Studium und Reform in Dokumenten am Beispiel der Mainzer Fakultät gegen Ende des Ancien régime. Von E. Pick. 251 S. 1983. DM 96,—

25. **Das Krisenmanagement der Vereinigten Staaten während der Berliner Blockade (1948/1949).** Intentionen, Strategien und Wirkungen. Von G. Gerhardt. 366 S. 1984. DM 128,—

26. **Cleve — ein unerfülltes Schicksal.** Aufstieg, Rückzug und Verfall eines Territorialstaates. Von A. Glezerman und M. Harsgor. 360 S. 1985. DM 128,—

27. **„Das Recht des Königs, der über euch herrschen soll".** Studien zu 1 Sam 8, 11 ff. in der Literatur der frühen Neuzeit. Von A. Weber-Möckl. 214 S. 1986. DM 88,—

28. **Staatsverfassung und Heeresverfassung in der europäischen Geschichte der frühen Neuzeit.** In Zusammenarbeit mit B. Stollberg-Rilinger hrsg. von J. Kunisch. 524 S. 1986. DM 188,—

29. **Die Lehre von der Macht der Staaten.** Das außenpolitische Machtproblem in der „politischen Wissenschaft" und in der praktischen Politik im 18. Jahrhundert. Von H. Klueting. 355 S. 1986. DM 98,—

30. **Der Staat als Maschine.** Zur politischen Metaphorik des absoluten Fürstenstaats. Von B. Stollberg-Rilinger. 308 S. 1986. DM 148,—

31. **Rechnungshöfe als Gegenstand zeitgeschichtlicher Forschung.** Entwicklung und Bedeutung der Rechnungshöfe im 20. Jahrhundert. Hrsg. von Th. Pirker. 191 S. 1987. DM 78,—

32. **Gestalten und Probleme der frühen Neuzeit.** Ausgewählte Aufsätze. Von St. Skalweit. 229 S. 1987. DM 88,—

33. **Militärgeschichte und Kriegstheorie in neuerer Zeit.** Ausgewählte Aufsätze. Von E. Kessel. Hrsg. u. eingeleitet von J. Kunisch. 328 S. 1987. DM 128,—

34. **Der Akademiegedanke zwischen utopischem Entwurf und barocker Projektmacherei.** Zur Geistesgeschichte der Akademiebewegung des 17. Jahrhunderts. Von G. Kanthak. 122 S. 1987. DM 48,—

35. **Der Untergang des Mittelalters.** Die Erfassung der geschichtlichen Grundlagen Europas in der politisch-historischen Literatur des 16. bis 18. Jahrhunderts. Von E. Pitz. XIX, 787 S. 1987. DM 240,—